HEIDELBERGER POETIKVORLESUNGEN
Band 4

herausgegeben von
FRIEDERIKE REE

LUTZ SEILER

Laubsäge und Scheinbrücke

Aus der Vorgeschichte des Schreibens

Universitätsverlag
WINTER
Heidelberg

Bibliografische Information der Deutschen Nationalbibliothek

Die Deutsche Nationalbibliothek verzeichnet diese Publikation
in der Deutschen Nationalbibliografie;
detaillierte bibliografische Daten sind im Internet
über *http://dnb.d-nb.de* abrufbar.

Die Heidelberger Poetikdozentur am Germanistischen Seminar
ist ein Projekt der Universität Heidelberg in Kooperation mit der
Stadt Heidelberg und Teil der Heidelberger „UNESCO City of
Literature"-Aktivitäten; sie wird unterstützt durch die großzügige
Förderung von Drs. Karin und Peter Koepff.

Diese Publikation wurde gefördert durch:

ISBN 978-3-8253-6980-4

© 2020 Universitätsverlag Winter GmbH Heidelberg
Imprimé en Allemagne · Printed in Germany
Umschlaggestaltung: Klaus Brecht GmbH, Heidelberg
Druck: Memminger MedienCentrum, 87700 Memmingen

Gedruckt auf umweltfreundlichem, chlorfrei gebleichtem
und alterungsbeständigem Papier

Den Verlag erreichen Sie im Internet unter:
www.winter-verlag.de

Reihenvorwort

Seit der Gründung der Heidelberger Poetikdozentur im Jahr 1993, die auf Initiative der damaligen Inhaber der Lehrstühle für Neuere Deutsche Literatur am Germanistischen Seminar der Universität Heidelberg, Helmuth Kiesel und Dieter Borchmeyer, in Kooperation mit dem Kulturamt der Stadt Heidelberg zu Stande kam, haben renommierte Schriftstellerinnen und Schriftsteller nicht nur interessierten Studierenden, sondern auch einem breiten städtischen und überregionalen Publikum die Möglichkeit gegeben, Einblick in die Werkstatt ihres literarischen Schaffens zu geben.

Die Idee, Autorinnen und Autoren einzuladen, sich über mehrere Vorlesungen hinweg über eine selbst gewählte Frage zur zeitgenössischen Literatur zu äußern, begleitend aus aktuellen Werken zu lesen und sich den Fragen des Publikums zu stellen, wurde von der Hörerschaft schnell angenommen. Die Poetikdozentur wurde bald zum Markenzeichen der traditionell ohnehin literarisch geprägten Stadt und des naturgemäß dieser Tradition verpflichteten Germanistischen Seminars bzw. der Neuphilologischen Fakultät.

Die gewählten Zugänge waren so unterschiedlich wie die Werke der eingeladenen Poetikdozentinnen und -dozenten und berührten die ganze Bandbreite von Produktions-, Werk- und Rezeptionsästhetik: So sprach etwa Peter Bieri über die Herausforderung, Erfahrungen überhaupt zur Sprache zu bringen; Brigitte Kronauer über die Unvermeidlichkeit, aber auch die Zweideutigkeit von Literatur; oder Louis Begley und Felicitas Hoppe über die jedem literarischen Schreiben zugrunde liegende Unterscheidung von Fakten und Fiktion bzw. Autobiographie und Selbsterfindung. Während Michael Rutschky von Notizkalendern als Prätexten seines Schreibens berichtete, hoben Frank Witzel oder Lutz Seiler – wie in diesem Band nachzulesen ist – die Bedeutung der Popmusik (im Falle Seilers von Pink Floyd) als Impulsgeber ihres Schreibens hervor. Während es bei Wilhelm Genazino um Furcht und Zittern der Überempfindlichen, bei Ulla Berkéwicz um den Verbleib des heiligen Schreckens und bei Patrick Roth um Suspense ging, verlegte sich Eckhard Henscheid auf die Frage nach dem Sinn des Unsinns und Martin Walser auf des Lesers Selbstverständnis. Als Vertreterin der Popliteraten sprach Alexa Henning von Lange über den ‚Sound‘ des Hier und Jetzt, während sich Alban Nikolai Herbst über die Arbeit am Sterben der Schriftkultur Gedanken machte. Und schließlich, zeitgeschichtlich motiviert, ging es bei Volker Braun um das Schreiben nach der Wende und bei Bernhard Schlink, aber auch bei Seiler und Genazino, um das über Vergangenheit und Heimat. Maxim Biller hat uns über den Zusammenhang von Literatur und Politik aufgeklärt, von Ulf Stolterfoht wurden wir in die Methoden experimenteller Lyrik eingeführt.

Nach mehr als einem Vierteljahrhundert erfolgreicher Zusammenarbeit von Stadt und Universität, seit Jahren großzügig gefördert durch das dem künstlerisch-städtischen Anliegen verpflichtete Ehepaar Karin und Peter Koepff, haben wir uns vor einiger Zeit dazu entschlossen, die zukünftigen, aber auch die vergangenen Poetikvorlesungen herauszugeben. Deshalb wurde diese Reihe gegründet: um den Vorlesungen in immer flüchtiger werdenden Zeiten einen angemessenen Raum in gedrucktem, hoffentlich bleibendem Format zu geben.

Friederike Reents, Heidelberg im August 2020

Germanistisches Seminar der Universität Heidelberg

Inhaltsverzeichnis

Lutz Seiler

LAUBSÄGE UND SCHEINBRÜCKE. AUS DER VORGESCHICHTE DES SCHREIBENS

müde bin ich

vorm schlafen sprach ich leise mit
dem haarteil meiner mutter ich
kann mich nicht erinnern wie

es sang von seinem bleichen
kopf aus styropor so leise
lieder loreleyn es sang

man müsste nochmal
zwanzig seyn & sagte dass
ich schlafen soll[1]

Das Territorium der Müdigkeit

Die beiden Dörfer Ostthüringens, in denen ich aufwuchs, zähl-
ten im Volksmund zu den ‚müden Dörfern‘. Die Leute dort,
hieß es, wirkten phlegmatisch, schlaff, und sie selbst klagten
über anhaltende Müdigkeit und wunderten sich über ihre Ab-
sencen. Eine Schwere lag auf den Dingen, auf der scheinbar
endlosen Folge unserer Tage im Hof, im Garten, im Labyrinth
der Nebengebäude eines halbtoten Gutsbesitzes nach der Kol-
lektivierung. Ein großer Vierseitenhof mit Futterkammern,
Waschküche, Garagen, Ställen und Scheunen für Heu, in denen
unbenutzte Fuhrwerke standen, daneben eine Dreschmaschine
von fünf Metern Höhe, die satanische Geräusche von sich gab
und mir die Vorstellung, in ihren Trichter gerufen und zermah-
len zu werden. Überall gab es Gruben für Jauche oder Wasser,

in die man als Kind, allein durch die Vielzahl ernst gemeinter Warnungen, zu fallen geneigt war.

Etwas lag in der Luft dieser Dörfer, und es war, als ob die Schaukel am Baum oder das Gatter, wenn man es aufstieß nach hinten hinaus zu den Feldern, diese Luft nur mühsam durchschnitten. Mitten im Garten, im Zentrum dieser Zeit, stand – umschlossen von den peristatischen Ringen meiner Tagträume – eine Hütte, thüringisch ‚Bude', ein selbstgezimmerter Verschlag aus aufgelesenem Brettzeug, Dachpappe und vielleicht zwei Pfund Eisen in Nägeln. Das war mein Stützpunkt, äußerster Vorposten meiner phantastischen, heiß umkämpften Heimat, weit draußen in der Steppe, manchmal war es schon ‚Wüste'. Dort saß ich und träumte meinen Lieblingstraum: gut bewaffnete Angriffe fremder Übermächte, dann meine heroische Verteidigungsschlacht, schließlich die Gegenangriffe. Meist kommandierte ich ein paar Reiterarmeen. Einige zogen die kleinen, gefürchteten Wagen hinter sich her, auf denen die Männer saßen, die im Kampf bereits ihre Beine verloren hatten und mit den aufgeschraubten Maschinengewehren um sich schossen. Es hieß, das seien die gefährlichsten, unerbittlichsten Kämpfer gewesen … Ich weiß nicht mehr, woher diese Geschichte gekommen war, wahrscheinlich aus der Schule, vielleicht aus einer Lesebuch-Erzählung mit Abbildung zu Budjonnys Reiterarmee. Damals fragte ich mich vor allem, warum Helden solche lächerlichen Mützen tragen mussten mit langen, schlappen Ohrenklappen und einer Basilikaspitze auf dem Kopf. Wenn es ruhiger wurde in der Steppe, mehrte ich meine Schätze, legte Verstecke an mit Limonaden-Vorräten, die nach drei Tagen vergoren waren und imitierte die Tricks von Daniel Boone oder Bruce Lee.

Ein bizarres Gebirge begrenzte die Welt der müden Dörfer und prägte den Horizont meiner Kindheit: die Abraumhalden und Absetzanlagen, darunter die Erze, das Uran. Als sich die amerikanischen Besatzer 1945 aus Thüringen zurückzogen und im Gegenzug Berlin in Sektoren geteilt wurde, hatten sie etwas übersehen: Pechblende, schwarz und glänzend wie Kindspech lag das kryptokristalline Urangestein in der Erde, ihr schwerstes natürliches Element. Die ostdeutschen Lagerstätten waren bei den Westalliierten auf seltsame Weise in Vergessenheit geraten. James Francis Byrnes, der damalige amerikanische Außenminister, hatte erklärt, die Sowjetunion könne Atombomben nicht herstellen, weil es in Russland keine erschließbaren Uranvorkommen gebe. Nach dem Abzug der Amerikaner, noch 1945, erforschten russische Geologen die ostdeutschen Uranerzlager. Wenig später begann die einzige kommunistische Aktiengesellschaft auf deutschem Boden, die „Sowjetisch-Deutsche AG Wismut", spaltbares Material für russische Atombomben aus der Erde zu holen. Das amerikanische Atombomben-Monopol wurde gebrochen.

Dabei hatte man dort, wo sich nun die mit Stacheldrahtzäunen gesperrten Abraum-Gebiete erhoben, schon im 17. Jahrhundert in irgendwie angenehmen und unerklärlich entspannenden Wunder-Quellen gesessen – Kurgäste kamen und Herzog Friedrich III. von Sachsen-Gotha kurierte seine Gicht. Dann, allerdings erst 300 Jahre später, entdeckte man den Zauber dieser Quellen, ihre Radioaktivität. Aber das tat dem Kurbetrieb keinen Abbruch, im Gegenteil. Radiumbäder schossen wie Pilze aus dem Boden, Radiumseife verkaufte sich, und auf dem Etikett der Tafelwasserflaschen aus den staatlichen Mineralquellen Bad Ronneburg garantierte Professor Schiffner von der Bergakademie „Radioaktivität und Analyse". Noch 1916 behauptete die medizinische Zeitschrift *Radium*, dass „Radium absolut keine toxischen Wirkungen hat und vom menschlichen

Organismus so problemlos aufgenommen wird wie das Sonnenlicht von der Pflanze".[2] Radiumzubereitungen überschwemmten den Markt. Angeboten wurden radioaktive Gürtel, die man um das jeweils heilungsbedürftige Körperteil zu schnüren hatte, oder das ‚Radiumohr', eine Gehörhilfe mit der sagenhaften Ingredienz ‚Hörium'. Auch radioaktive Zahnpasten für saubere Zähne und bessere Verdauung sowie radioaktive Gesichtscremes zur Aufhellung der Haut und viele andere Erzeugnisse von zweifelhafter Wirksamkeit hatten Konjunktur. 1932 annoncierte Fredrick Godfrey, ein britischer Haarspezialist, „eine der wichtigsten wissenschaftlichen Errungenschaften der letzten Jahre":[3] ein radioaktives Haarwasser. Ein mit Radium versetzter Schokoladenriegel wurde in ganz Deutschland als ‚Verjünger' verkauft.

Kurzum: Das berühmte Heilbad Ronneburg zog mit seinen strahlenden Wassern reichsweit ein illustres Publikum an. Auch mein Urgroßvater Edwin König, der letzte ungestörte Bauer auf den Feldern rund um Ronneburg (es handelte sich um sein eigenes Land) war dabei. Dort, wo heute die Autobahnabfahrt Nummer 59 und das Gewerbegebiet Korbwiesen liegen, ist er an Sonntagen in Großgrundbesitzer-Pose ausgeritten, auf einem seiner geliebten Pferde, zu den ‚Reitertreffen' oder ‚Liedertafeln' im Kurbad oder nur, um in der Kurstadt ein Bier zu trinken und den exotischen ‚Ausländern' und gichtkranken Adligen beim Flanieren zuzusehen.

Im 20. Jahrhundert endet wie so vieles auch die schöne Geschichte vom Balsam radioaktiver Derivate. Aus Bad Ronneburg wird nach dem Ersten Weltkrieg wieder Ronneburg und nach dem Zweiten die ‚Grube Ronneburg' mit ihren weithin sichtbaren Kegelhalden. Die Uranhalden, ihr aschgrauer Auswurf, die dünne Birkenbehaarung am Fuß dieser Berge gehörten zum Horizont meiner Kindheit wie für andere vielleicht das nahe Alpenmassiv oder die Trauflinie der gegenüberliegenden

Häuserreihe. Wenn ich pendelnd über dem Gatter lag, das sich nach hinten hinaus zu den Feldern öffnete, stieg ihr Horizont in meine Träume.

Unter Leitung der Sowjetarmee wurde die Förderung des Uranerzes mit aller Brutalität und Hektik vorangetrieben. Mein Vater erzählt, dass eines Morgens ein Bohrturm im Garten unserer Familie gestanden hätte. Der Kommentar eines Nachbarn: „Bei uns steht auch einer." Zugleich war der Weg ins Nachbardorf verschwunden, weggebaggert, verschüttet. Ostthüringen wurde zum drittgrößten Uranabbaugebiet der Welt (nach den USA und Kanada), zeitweise wurde eine halbe Million Menschen beschäftigt. Die Kumpels der Uranprovinz hatten Schichtarbeit, aber gute Bezahlung, kürzere Bestellzeiten für Automobile und eine monatliche Rate von vier Flaschen Trinkbranntwein, akzisefrei. 0,7 Liter wurden abgegeben für 1,17 Mark. Ein werkseigener Schnaps, den die Bergleute ‚Kumpeltod' nannten. Überhaupt: Ihr Humor war makaber und entsprang einem Gemisch aus Wissen und Ahnungslosigkeit. Wenn mein Culmitzscher Großvater Gerhard Seiler am Morgen aus der Grube heimkehrte, saßen wir noch in der Küche vor dem Radio. Er kam zu uns herüber und schwenkte seine Hand über dem Holzkasten des Empfängers. Augenblicklich versackte die Musik in einem außerirdischen Knacken und Rauschen. Nahm er die Hand vom Kasten, verschwand der Spuk und der *Bayerische Rundfunk* kehrte zurück. Wir waren beeindruckt, und er lachte. Ich erinnere mich auch an das bedrückende Gefühl, das ich angesichts dieser unsichtbaren Kräfte empfand, wenn mein Großvater mir gütig seine Hand auf den Scheitel legte.

Abwesenheit, Müdigkeit und Schwere prägten diese Zeit. Wahrnehmungszustände der Kindheit, die später wie affine Medien wirken, in denen man die Welt am unmittelbarsten zu spüren vermeint. Deshalb werden daraus Textqualitäten, prä-poetologische Axiome, wenn man will, von Kindsbeinen an. Die Heimat als Gangart, auch im Vers: „jedes gedicht geht langsam von oben nach unten ...“[4] zu den rohen Stoffen, den Erzen, den Knochen der Erde, wie sie nach alter Bergbau-mythologie benannt sind. Unsichtbar, in der Tiefe war der Raum, der vor unseren Augen herausgeschleudert oder abge-pumpt wuchs zum Abraum, zur Halden-Landschaft. „Eine Welt im Zwang der Wünschelrute von der Antarktis bis zum Erzgebirge: Uran, Pechblende, Isotop 235! Weithinabreichen-de Neurose!“[5] Gottfried Benns *Ptolemäer* entstand 1947, der deutsche Uranbergbau hatte gerade die ersten der am Ende 220 000 Tonnen Uran aus der Erde geholt. 500 Millionen Ton-nen radioaktiver Abfall blieben in Ostdeutschland zurück.

Aber auf Zwang und Neurose kamen wir nicht beim An-blick der Halden. Nur nachts, mit dem Ohr am Bettgestell, glaubte man etwas zu hören, das unter einem ging. Etwas, wie es Büchners Woyzeck, stampfend über die Erde, vernommen haben musste: „Alles hohl da unten!“[6] Diesen Satz hatte ich oft gehört, nachdem das Wasser aus dem Teich vor unserem Haus plötzlich weggesackt war und gemunkelt wurde, ‚die Wismut‘ habe begonnen, auf der Suche nach den Adern des Pecherzes unser Dorf zu untergraben. Ich erinnere mich an das seltsame Gefühl unter den Sohlen, wenn ich daran dachte, auf ‚dünnem Boden‘ zu gehen.

Im Hof war ich beschäftigt mit den Dingen: träumend, schwitzend, vor allem sprechend – ein endloses Gemurmel aus dramatischen Handlungen, Monologen, Reflexionen, in die Luft gesprochen. Die Dinge veränderten sich, eingeschlossen in den Fluss der Rede verrieten sie ihre persönliche Qualität.

Es konnte sein, dass ich bei meiner Arbeit mit einem Stück Holz, zum Beispiel einer Zaunlatte, lange sprach, genauer ge-sagt, dass ich nah am Holz sprach. Ich ging sprechend ans Holz, dazu fühlte ich es mit den Händen oder gelehnt mit der Stirn an die Bretterwand. Als Kind hatte ich ein Körper- und ein Sprachgefühl von Holz. Francis Ponge begründet in seiner *Einführung in den Kieselstein* eine Sprachästhetik, die gleichzeitig Dinglehre und Kosmogonie ist: „Das ganze Geheimnis des Glücks eines Betrachters liegt in seiner Weigerung, das Eindringen der Dinge in seine Persönlichkeit *als ein Übel* anzusehen."[7]

Meine Erinnerungen an diese Zeit bestehen aus Geräuschen, Dingen, Materialien. Wenn das möglich wäre, würde ich sagen, meine Herkunft war eingebettet in eine Dingwelt von gestern und haftete ihr an: ein unbenutzter Pferdeschlitten aus der Gutsbesitzerära, ein dutzendmal Zaumzeug, Kummet, Halfter, Peitschen und Sensenblätter an den Wänden, ein letztes, langsames, fast totes Pferd namens Liese, eine Unzahl kleiner und großer Petroleumlampen, das Gewölbe, der Keller für die Vorräte, zwanzig Sorten Kuchen auf Kuchenbrettern im Regal, ein Butterfass, ein Badeofen, die erste elektrische Wasserpumpe, das erste Fernsehgerät, die sogenannte ‚Fernsehtruhe' namens *Staßfurt* mit einem Columbus-Schiff, einer Santa Maria darauf als Fernseh-Lampe. Im Glasschrank ein paar strahlende Mineralien, schöne, glänzende Andenken, Mitbringsel aus der Tiefe geschmuggelt und manchmal verschenkt, das grüne Malachit, das Azurit, die Kobalterze, Rohstoff für das ‚wahre Blau'. Dazu der grobe Steinboden in der Wirtschaftsküche, darüber die in den Mittelbalken der Decke geschraubten Haken, an denen das Schlachtvieh aufgezogen wurde, um es auszunehmen, die Eingeweide auf dem Küchentisch. Zum Schlachten morgens drei Uhr wurde das Vieh aus dem Stall geschoben, panische Angst bei den Tieren, die Männer, die am ‚Saustrick' zogen – der war dem Schwein um die Fessel gebunden. Jedes Tier wusste alles, von Beginn an, und kämpfte um sein Leben. Wenn der Schlächter das Bolzenschussgerät ansetzte an der

Schläfe, hielt ich krampfhaft das zuckende Hinterteil des Tieres zwischen den Pfosten, und meine Mutter mit der Emaille-Schüssel am Einschussloch schlug das hervorschießende Blut, damit es nicht gerann. Dann das übliche Gezeter – wem gehörte diesmal das Gehirn (Gehirn essen macht klug, hieß es damals), dann das Gehirn in der Pfanne, sein Geruch, während das Schlachten weiterging, vom Fleisch über die Wurst bis zum Schnaps und dem Waschen der Stiefel am Abend.

Was unser Leben sicher nicht auszeichnete, war anregende Geselligkeit. Zur Ruhe kommen, ‚inne werden‘ – das musste niemand an unserem Tisch. Man war ‚innen‘. Und oft schienen die Gespräche nicht wirklich zum Austausch bestimmt. Das Gesagte drang wie von fern ans Ohr des in seinem Müdesein Versunkenen, ein Kontaktlaut, wie ihn große Tiere unter Wasser aussenden, um sich gegenseitig ihre Position mitzuteilen. So war niemand wirklich allein. Und die Müdigkeit war ein bergendes Etui. Man war mit sich und bei den Dingen, aber ohne sie deshalb schon besser zu begreifen, nur ähnlich abgeschlossen, gewissermaßen jenseits des Lebens. In dieser „Müdseligkeit"[8] (ein Wort Goethes in *Die Leiden des jungen Werther*) nahm, so scheint es mir heute, eine besondere und wie selbstverständliche Nähe zu den Dingen ihren Ausgang, das Gefühl einer verborgenen Verwandtschaft. Die für die Anschauung der Welt (und ihre alltägliche Auffassung) angenommene Dualität von Subjekt und Objekt war von Kindsbeinen an irritiert. Ich vermute, dass gerade das zu der für mich später mitunter quälenden Schwierigkeit beitrug, einen Gegenstand kurzerhand vorauszusetzen, ihn anzunehmen und von dort aus *über* ihn zu sprechen oder zu schreiben. Ich fühlte mich nicht im Besitz dieses Vorsprungs, den die dazu vorhandenen Begriffe suggerierten. Auch meine kurze Karriere als Doktorand der Literaturwissenschaft litt unter diesen Voraussetzungen. Nach Abschluss meines Studiums brachte ich allein zwei Jahre damit zu, mir die Bedingungen meines Herangehens erklären zu wollen, der Gegenstand meiner Arbeit musste mühsam errichtet werden. Noch heute, wenn ich daran denke, erscheint mir das wie eine Grabung, wie das Ausheben einer gegnerischen Stellung, eines Gegen-Standes, von dem aus dann auf mich gehalten wurde. Irgendwann gab ich auf. Wie Paul Valérys *Monsieur Teste* wollte ich gern in den Schlaf verschwinden: „Der Schlaf führt irgendeine, gleichviel welche Idee weiter."[9]

Es dauerte nur kurze Zeit und das, was einmal ‚mein Gegenstand' war, verwehte und verschwand. Müde und abwesend gewahrte ich etwas an den Dingen, das mir jenseits ihrer Bezeichnungen und Begriffe vertraut vorkam, wenn man so will, von alters her.

Mir blieb, das Handwerk auszuüben, das ich in meiner Jugend gelernt hatte (Maurer also, Baufacharbeiter) und mir dabei rechtschaffen auch jene Müdigkeit zu erwerben, die mich meiner Probleme wahrscheinlich enthoben hätte. Oder: Ich konnte mich aufmachen, eine Sprache zu finden, die den diffusen Zuständen meiner Wahrnehmung gewachsen war.

Soviel zur Ausgangslage.

Als ich mit dem Schreiben begann, stellte ich mir eine Art ‚Wörterbuch des diffusen Daseins' vor, nach und nach sollte eine lexikalisch geordnete Poetik entstehen, ausgehend von sogenannten ‚spezifischen Häufungen' wie ‚Abwesenheit', ‚Müdigkeit' und ‚Schwere'. Vieles davon hat seine Bedeutung verloren in den letzten zwanzig Jahren, aber einige Passagen sind bis heute für die Schreibarbeit interessant:

‚Abwesenheit': Zustände von Abwesenheit in der Sprache des Gedichts, das war mein Faszinosum. Abwesenheit als ein erstrebenswerter Zustand und die Chance, als Schauender scheinbar zurückzutreten, die Dinge wahrzunehmen ohne Absicht statt ihnen mit unseren Bestimmungen zuvorzukommen. Eine Vorstellung von Gelassenheit im wahrsten Sinne des Wortes, die Gedichte sollten jenem Moment des Stillstands nachgeben, in dem es gelänge, die Dinge und Worte dahingestellt sein zu lassen und selbst von ihnen gelassen zu sein. Mit dieser Wahrnehmungs-Utopie hat dann alles zu tun, das Verhältnis von Bewegung und Stillstand, zum Beispiel der Versuch, große Bewegungen im Gedicht auf ihren grotesken Höhepunkt zu treiben, wo sie zum Stillstand kommen und augenblicklich *viel* ,Abwesenheit' frei wird.

Eine andere Häufung hieß ,Schwere': Texte, die auf Materialität aus sind, auf Substanz, auf Stofflichkeit und darin – auf das Gewicht der Dinge. Das Gewicht nicht nur als Eigenschaft, sondern als Sprachform der Dinge, im Sinne sich aufeinander, untereinander beziehender Aussagen in Gravitationsfeldern. Für die Arbeit am Gedicht ginge es darum, die aus ihrer Schwere resultierende Gravität als unsichtbare Umgangsform der Dinge zu empfinden und darzustellen.

Die Postmoderne hat mit ihren Fixierungen auf Leichtigkeit, Geschwindigkeit, Flimmern und Fliegen vor allem an entmaterialisierenden Vorstellungen gearbeitet und diese favorisiert. In Joseph Hanimanns Essay *Vom Schweren* findet sich der Gedanke an eine andere, ,zweite' Moderne, die dabei ist, das lange verachtete Schwere, das heißt auch Langsame, Müde, Sperrige usw. als Qualitäten der Dinge und des Daseins neu zu entdecken und „im permanenten Bedeutungskreislauf der abrufbaren und wegspeicherbaren Datenflüsse Stellen schlichter Materialität auszugrenzen und dadurch wieder so etwas wie eine ruhende, stumme Realgegenwart zu schaffen."[10]

Eine dritte Häufung, und das ist keine Überraschung mehr, hieß ,Müdigkeit'. Da ich in der Schule oft von einer unbändigen Müdigkeit befallen wurde, und es mir, wie es heißt, ,die

Augen zuzog', schickte man mich schließlich zum Arzt. Eine Art ‚Schlafsucht' wurde festgestellt, und ich erhielt Medikamente. Einmal, morgens, als ich statt zur Schule in den Wald gegangen war, stürzte ich von einem Baum. Ich war hinauf geklettert und oben eingeschlafen. Ich erwachte erst im Rettungswagen. Dass ich auf eine Weise an Konzentrationsmangel litt, dass man sich Sorgen machen müsse, blieb ein Topos meiner Kindheit. Eine ganze Reihe skurriler Unfälle schien das zu belegen. Einmal rammte ich mir bei einem Sprung von der Tenne ins Stroh das eigene Knie ins Auge. Vier Wochen Operation und Behandlung waren die Folge. In dieser Zeit musste ich oft an jenes Bibelwort denken, das dazu aufrief, etwas ‚zu hüten wie den eigenen Augapfel'. Meine Mutter hatte das Wort allzu häufig gebraucht; jedes Mal bekam ich Angst um meine Augen. Trotzdem: Den Wohnungsschlüssel, den Turnbeutel, die Brotbüchse und all die anderen Augäpfel-Sachen meiner Kindheit verlor ich am laufenden Band, und erst viel später erhielt ich sie zurück, als Gegenstände des Gedichts.

Sicher ist es nicht möglich, mit ‚Existentialien' wie ‚Abwesenheit' und ‚Schwere' die Essenzen des Schreibens restlos oder auch nur teilweise zu identifizieren. Es gibt ein Wort Nootebooms vom „Amalgam aus Fiktion und Wirklichkeit",[11] das wir selbst von Beginn an sind. Aber vielleicht sollte es möglich sein, die verschiedenen Geschichten des Einflusses, der Versehrtheiten, der Inhalte, die später ausgedampft werden in Texten, zu erzählen. Das alles formte und prägte unsere Morphologie, wo später die Destillen ansetzen für die Arbeit am Text.

Könnten Gedichte „Nervensysteme der Erinnerung"[12] sein, stünde dieses Wort für das, was ich in einigen Texten versucht habe. Das Faktische, Konkrete kommt dabei nur als ein Mittel in den Text, das hilft, eine Aura zu versorgen bzw. ihre empfindliche Struktur zu errichten. Das heißt, nichts kann im engeren Sinne biographisch bleiben. Es geht nie um ‚Rekonstruktion'. Ein frühes Erfahrungsmuster sagt: Sprich mit den Dingen, berede ihre Substanz. Die Dinge sind nicht in ihrer vergangenen Realität von Bedeutung, sondern als Bestandteil des Hörens oder Sehens, der Empfindung, die sie geprägt haben. Sie gehören zu den Vermittlern und Irrwegen zum Gedicht. Dazu tritt das früher, das später, das nie Gelesene, der die Arbeit „durchfließende Kanon",[13] das Handwerk darunter und die Eigendynamik der nervenden, mühsamen Arbeit am Text. Zusammen ergibt das eine komplizierte, labyrinthische Mechanik, in der das Gedicht mit einer dem Anschein nach nicht zu vermutenden, aber letztlich absoluten Notwendigkeit entsteht.

Ja, man kann annehmen, dass sich das Schreiben von Gedichten mit einer gewissen Unbedingtheit durchsetzt. Seine Ursache wurzelt nicht in irgendeiner begünstigenden Konstellation des gesellschaftlichen Lebens, nicht im Gespräch über das Gedicht und schon gar nicht in Poetikvorlesungen. Sein Antrieb geht alldem voraus und bleibt im Grunde unsichtbar. Auch in den Theorie-Diskussionen und in Fragestellungen, wie sie Poetologien auswerfen – ob von Literaturexperten oder den Autoren selbst vorgebracht – bleibt jenes vorpoetologische ‚Warum?' und ‚Woher?' seltsam unberührt.

„Jeder hat nur ein Lied",[14] so lautet ein Satz von Paul Bowles (der auch Musiker war) in einem seiner letzten Gespräche. Das Lied erkennt man am Ton. Der Ton entsteht im Instrument, das wir am Ende selbst geworden sind. Vor jedem Gedicht liegt die Geschichte, die wir erlebt haben, das Gedicht trifft ihren Ton, es erzählt sie nicht, es erzählt ihren Ton. ‚Jeder hat nur ein Lied' heißt vor allem: Jeder *hat* ein Lied. Und nur ein Lied heißt vor allem: Jeder hat *sein* Lied, sein eigenes Lied. Die Suche danach kann dauern. Jahrelang abgelauschte Melodien, schön zu hören, aber das eigene Lied? Man könnte sagen: Das Gedicht ist etwas, das sich mit der Existenz seines Autors unbedingt durchsetzt, sein eigenes Lied, sein Glaube an einen ‚absoluten Rhythmus‘, der der eigene Rhythmus ist. Der Glaube an einen absoluten Klang, der der Klang des Eigenen ist. Diese seltsame Hypertrophie, auf die Ezra Pound in jedem seiner kurzen essayistischen Programmtexte ausdrücklich bestanden hat, begründet das Gedicht.[15]

Gedichte schreiben: Eine komplizierte Art zu existieren und zugleich die einzig mögliche.

Eine Besonderheit dabei ist: Gedichte arbeiten präzise am Nichtverbalisierbaren. Das Stumme, Nichtparaphrasierbare und seine existentielle, singuläre Herkunft – aus diesen beiden fein miteinander versponnenen Momenten ergibt sich die besondere Qualität des Gedichts. Das Gedicht macht eine Bewegung auf das Unsagbare hin, eine Bewegung ohne Endpunkt. Vielleicht setzt deshalb, sobald das Nachdenken über Gedichte beginnt, die Suche nach Ausgangsgrößen ein, nach einem einigermaßen fixierbaren Beginn des Gedichts, bei dem auch das Verstehen ansetzen kann. Die Moderne hat dafür eine Vorstellung vom Körper, seines Einsatzes in allen wesentlichen Zusammenhängen, seiner Verbindung zur Sprache und zum unsagbar Wesentlichen, nachhaltig ins Spiel gebracht. Müdigkeit, Schwere, Abwesenheit – ist es unsere Physiologie, die wir beim Sprechen oder Schreiben mobilisieren, bestimmen wir uns selbst – zugleich sind wir bereits Gezeichnete. Wie durch uns selbst gehen wir in der Sprache.

Wenn ich jetzt noch einmal zurückkehre an den Tisch meiner Kindheit, an dem wir saßen und einkehrten in unsere Müdigkeiten, erinnere ich mich ebenso an jene Momente, in denen wir nicht darüber friedlich wurden. Wenn mein Großvater Erich König (geboren 1908, gestorben 1987) versuchte, gegen seine Müdigkeit und die ihr folgende Lethargie, begleitet von Kopfschmerz und einem Schwindel, von dem wir nichts Genaueres wussten, anzustehen und alles abzuschütteln, war dazu die Energie eines cholerischen Ausbruchs nötig. Gern bot das Essen selbst den Ausgangspunkt. Noch ehe davon gekostet worden war, brüllte er etwas von „zu wenig Salz" oder von „zu viel Salz" und fuchtelte mit dem Messer gegen meine Großmutter, die links von ihm am Tisch saß – der Platz, der dem Herd am nächsten lag. Wenn der Ausbruch eskalierte, mein Großvater also nicht mehr in der Lage war, sich zu beruhigen, kündigte er an, sich jetzt sofort umbringen zu wollen. Im Schweinestall fand er den Saustrick, den er zu diesem Zweck benutzen wollte. Das Ganze geschah zwei oder drei Mal im Jahr, davon einmal regelmäßig, das war zu Weihnachten. Am ersten Feiertag kam es vor, dass mein Großvater zuerst das Geschenk meiner Großmutter zerstörte (einmal war das ein schöner, schwerer Schreibtisch, den er mit großer Mühe allein vor die Tür in den Hof schleppte und dort zu sauberen Scheiten zerhackte), um dann – wie angekündigt – daran zu gehen, sich umzubringen. Der Baum, den er dazu auserkoren hatte, war die Eiche, die sein eigener Großvater Eduard (mein Ururgroßvater, geboren 1846, gestorben 1910) als Friedenseiche zum Ende des deutsch-französischen Krieges 1871 gepflanzt hatte. Entweder hatte mein Großvater tatsächlich vergessen, dass die unteren Äste dieses riesigen, hochaufgeschossenen Baumes längst in einer unerreichbaren Höhe lagen oder er wusste zu genau, dass seine von ihm gescholtene Frau unter Mithilfe der ganzen Familie, die ihm aufgeregt und wie in einer Prozession folgte auf seinem Weg zum Stall und vom Stall zum Baum, ihn spätestens vor der Einfahrt mit der Eiche überredet haben würde, sich nicht umzubringen und stattdessen doch lieber mit allen gemeinsam wieder ins Haus an den Tisch zurückzukehren.

Erwähnenswert ist vielleicht, dass dieser Baum, die Friedenseiche, tatsächlich eine zentrale Stellung in unserer Familiengeschichte einnimmt. Ich glaube, jede Generation hatte ihr eigenes, besonderes Verhältnis, irgendeine eigene Gewohnheit oder Geschichte mit diesem riesigen Baum in der Einfahrt zum Hof. Meine Mutter erzählt, dass mein Urgroßvater Edwin König (geboren 1876, gestorben 1964) in seinen späten Jahren bei jedem Vorbeigehen an der Eiche mit seinem Spazierstock drei Mal an eine Stelle des Stammes geklopft hat, und zwar genau dort, wo die Wurzel ansetzt und eine Art Buckel vorsteht. Warum er das tat, blieb sein Geheimnis, er hat es nie verraten, auch auf Nachfrage nicht und auch seiner Lieblingsenkelin nicht (meiner Mutter also, geboren 1940), zu der er eine Art Vertrauensverhältnis hatte. Tatsache ist, dass Edwin König an jedem Tag um 16 Uhr in die Dorfschenke ging, links an der Eiche vorbei, wo er dreimal auf den Buckel klopfte. Um genau 18.30 Uhr kam er zurück, klopfte drei Mal den Buckel und war wieder zu Hause.

Ich bitte um Nachsicht für diese Abschweifung ins Anekdotische, eigentlich wollte ich mein Schreiben begründen, von einer Herkunft her und den damit verbundenen Wahrnehmungszuständen, Müdigkeit, Schwere, Abwesenheit, eine Disposition zum Gedicht, wurzelnd im Ort der Geburt und von dort her gedacht, von Grund auf sozusagen, aber jetzt hat sich Edwin eingeschaltet, angeklopft gewissermaßen, und verlangt sein Recht. Vor einiger Zeit spielte mir mein Onkel B., der die Familienchronik führt und mit Fleiß und Akribie in der Kornkammer über dem Kuhstall (früher Gesindekammer) ein Familienmuseum eingerichtet hat, voller Fundstücke aus der Geschichte des Hofes und seiner Patriarchen, zurückgehend über Eberhard, Erich, Edwin, Eduard König und so weiter, das „EK" der Familiensignatur musste fortgeführt werden über alle Generationen, es war dem Eigentum des Hofes eingeritzt, den

Kornsäcken schwarz aufgedruckt, den Tieren wurde es ins Fell gebrannt: „EK" – der Erbfolger musste mit „E" beginnen, das stand fest, lange vor der Geburt … Jener Museums-Onkel also, dem zu Ohren gekommen war, dass ich eine sogenannte Poetikvorlesung halten würde, spielte mir ein kleines Konvolut mit Gedichten zu, versehen mit der Bemerkung, ich solle nicht glauben, *der Einzige* gewesen zu sein: Ohnehin käme alles vermutlich *von da*.

Bis dahin war ich tatsächlich davon ausgegangen, dass meine Familie – zumindest über die noch absehbaren Generationen hin – ausschließlich aus Bauern (im ärmeren, väterlichen Zweig aus Landarbeitern) bestanden hatte, und im Prinzip stimmte das auch. Aber nun hielt ich die Gedichte meines Urgroßvaters in den Händen – Gedichte von Edwin König, dem Klopfer des Eichenbuckels und letztem ungestörten Bauern auf den Feldern rund um Ronneburg.

Zur Illustration, auf welche Art Dichtung mein Urgroßvater sich spezialisiert hatte, zitiere ich einige Strophen aus einer Ballade mit dem Titel *Hymne an die Weibsen*:

[…]

Die Männer wärn die Herrn der Welt;
Sie wärn der Schöpfung Krone!
O nein, wer helle ist, der hält
Die Fraun auch nicht für ohne.
Glaubt mir es, ein jeder Mann
Muß nach ihrer Pfeife tanzen.
Regieren kann viel besser noch
Das Weibsen als das Mannsen.

Wie unzart ist ein Mannsgesicht
Voll Stacheln wie ne Feile,
Sie haben eine Taille nicht,

Nein, meist im Gegenteile.
Die Frau ist zierlich, elegant,
Voll Trotteln und voll Franzen.
Drum sage ich: Viel schöner ist
Das Weibsen als das Mannsen.

‚Das ewig Weibliche zieht an‘,
Das sagt schon Vater Goethe.
Das Mannsen hat das nie getan,
Davon ist keine Rede.
Das ewig Weibliche zieht an,
Wie Magnetismus-Hansen.
Und da läßt sich nichts ändern dran
Beim Weibsen wie beim Mannsen.

[...]

Ich breche hier ab und belasse es bei diesem Auszug inklusive
der beachtlichen Wortschöpfung „Mannsen", geschrieben wurde diese Eloge etwa 1926. Ein Vermerk empfiehlt die Verse zu
singen nach der Melodie des Lieds *Ein freies Leben führen
wir*, ein Freiheitslied Friedrich Schillers, dessen Melodie wiederum zurückgeht auf ein Volkslied des 18. Jahrhunderts.
Auch Goethe kommt vor, und abgesehen vom feministischen
Grundgehalt ist die Anspielung auf „Magnetismus-Hansen" interessant. Gemeint ist Carl Hansen, damals ein weltberühmter
Hypnotiseur, der Sigmund Freud von der Echtheit hypnoti-
scher Phänomene überzeugte und durch seine Aufführungen
ein regelrechtes Hansen-Fieber auslöste. Auch Edwin König,
dieser humorige Festtags- und Gelegenheitsdichter, reimte wie
im Fieber seinen „Mannsen" auf „Franzen" – also gut, lieber
Onkel, möchte ich sagen, es hat hier also einen Vorläufer gegeben, einen dichtenden Urgroßvater, ohne Zweifel steckt da
etwas in den Genen, familiäres Dichterblut (oder wie soll man

es nennen), in jedem Fall ein unbekannter Teil der Literaturgeschichte dieser Ostthüringer Landschaft, lange vor ihrer Umwälzung durch den Uranbergbau. Dabei ist der literarisierende Bauer dieser Zeit kein Einzelfall, auch der Großvater Peter Huchels, zum Beispiel, hat Balladen und Spottverse geschrieben, auf den großen Bauernhöfen der Jahrhundertwende wurden Zeitungen und Zeitschriften gelesen, und noch meine Mutter hatte selbstverständlich Klavierunterricht – Feldarbeit und Klavierspiel lagen noch nicht so weit auseinander, wie man es heute vielleicht annehmen würde. Als Kind fand ich beim Herumstöbern auf dem Überboden unseres Bauernhofes zu Büchern gebundene Jahrgänge der Zeitschrift *Daheim* (1904–1906), *Ein deutsches Familienblatt* heißt es im Untertitel, in dem auch Novellen, Gedichte und „Besprechungen der neueren Literatur" abgedruckt wurden, andere Rubriken hießen „Geschichtliches", „Militärisches", „Gartenkunst" und „Bilder vom Tage". Daneben eine gebundene Ausgabe der Zeitschrift *Bühne und Welt*, die mit einer Betrachtung der Londoner Theatersaison von 1902/03 einsetzt. In diesen Bänden (voller wundervoller fotografischer Porträts der Theatergrößen dieser Zeit, die ‚unvergleichliche' Rosa Sucher als Eva in den *Meistersingern* oder die ‚unnachahmliche' Katharina Fleischer-Edel als Gräfin in *Figaros Hochzeit* usw.) fand ich eine Einladung der Literarischen Vereinigung zu Altenburg, deren unterzeichnender Vorstand sich „ergebenst erlaubt" meinen Urgroßvater und Festtagsdichter Edwin König zu einem im Saal des Goldenen Pflüger stattfindenden Gesellschaftsabend einzuladen.

‚Müde Dörfer', ich greife das Wort noch einmal auf, die eingangs erwähnte Redewendung. Müde Dörfer – welcher Wohlklang der Beschreibung für die Wirkung niedrigdosierter, andauernder Strahlenbelastung. Von denen, die länger im Uranbergbau waren, wurde selten jemand älter als fünfundsechzig

Jahre. Nach der Zwangsevakuierung von Culmitzsch und dem Abriss seines Dorfes Ende der sechziger Jahre wurde mein Großvater Gerhard Seiler, der Mann mit den Zauberkräften in der Hand über dem Radio, nach Teichwolframsdorf umgesiedelt. Dort starb er am 30. November 1981 an der ‚Schneeberger Krankheit‘, wie die Erkrankung der Wismut-Kumpel durch radioaktive Strahlung damals noch genannt wurde. Bis heute werden jährlich 150 bis 200 Fälle von Lungenkrebs (darum handelt es sich hier) als Folge der Strahlenbelastung zu Wismut-Zeiten diagnostiziert.

Der in Nachwendezeiten zur Sanierungsfirma mutierte Bergbaubetrieb behielt seinen unter der Stalin-Administration eingeführten Decknamen ‚Wismut‘. Im Jahr 2000 waren Teile des Halden-Szenarios Bestandteil der deutschen Weltausstellung Expo, und 2007 schließlich legte sich die Bundesgartenschau mit ihrer guten dunklen Muttererde über die Wunde. Ein Schaubergwerk wurde errichtet, die tatsächlichen Stollen, die sich über eine Länge von über 1000 Kilometern durch das Erdreich ziehen, sind aus Strahlenschutzgründen gesperrt.

Im April 2007, einige Tage vor Eröffnung der Bundesgartenschau, war ich noch einmal dorthin zurück gefahren, in die Thüringer Gegend meiner Kindheit, die man inzwischen ‚Neue Landschaft Ronneburg‘ nannte – so lese ich es heute in meinem Notizbuch Nummer 42, in dem ich diese Reise aufgezeichnet habe. Die Ronneburger Kegelhalden waren verschwunden; ich stand auf einem Hügel, an einem Punkt, wo früher Schacht 381 gewesen war, und schaute in ein künstlich angelegtes Tal. „Zur Gewährleistung der Nachsorge und touristischen Erlebbarkeit werden 16 km Wirtschafts- und Wanderwege eingerichtet“, las ich auf einer Schautafel und schrieb es in mein Notizbuch.

Die Kirschbäume waren am Ende ihrer Blüte, doch viele der Sträucher und Blumen hatten noch nicht ausgetrieben – seit Wochen hatte es nicht geregnet. An einigen Stellen verharrte die ‚Neue Landschaft' in einem kahlen Braun, als lugte dort noch der Körper der alten, kontaminierten Landschaft hervor, als wäre ihr die neue Haut noch nicht vollständig angewachsen.

Schräg gegenüber, auf einem streng geometrisch angelegten Abhang (der, wie es hieß, die alte Halden-Struktur symbolisieren sollte), hatte man in riesigen Großbuchstaben das Wort „WISMUT" in den Berg gepflanzt. Ich entdeckte zwei Miniaturpyramiden, ganz offensichtlich eine Nachbildung der Kegelhalden, des alten Wahrzeichens dieser Gegend, die im Volksmund die ‚Pyramiden von Ronneburg' und von den Bergleuten kurzerhand die ‚Ronneburger Titten' genannt worden waren. Mitten im Tal gab es einen Aussichtsturm, der auf der Schautafel als ‚Erlebnisturm' markiert war. Auf den Wiesen, wie mit großzügiger Hand ausgestreut, standen metallene Stühle, Pritschen und Sonnenzelte bereit. Ich entdeckte einen kleinen hölzernen Pavillon am Rande des Kirschbergs, der mir gefiel; die Sanierung der riesigen, strahlenden Uranbrache rings um Ronneburg, ohne Zweifel war sie ein Segen für diese Gegend. Dass meine Kindheitslandschaft dabei nahezu vollständig verschwunden war, machte mir für einen Moment das Herz eng. Die ‚Neue Landschaft' – „touristisch erlebbar" war sie für mich nicht. Meine Mutter hatte mir von unserem alten Holzfeld erzählt, und ich wollte die Gelegenheit nutzen, nachzusehen, ob es dieses Feld noch gebe. Zur Bauernwirtschaft ihres Vaters Erich König, Sohn von Edwin König, dem Dichter der Festtagsgedichte, hatte ein eigener Bestand an Weidenbäumen gehört, in einem kleinen, sumpfigen Tal, das jetzt am Rande der sogenannten ‚Neuen Landschaft' liegen musste. Es handelte sich um die am weitesten abgelegene Gemarkung unseres Hofes, drei Kilometer Richtung Süden, fast auf der Grenze zwischen Thüringen und Sachsen.

Als junge Frau hatte meine Mutter auf diesem Holzfeld Ruten geschnitten. Die Ruten wurden an den Korbmacher Schilling geliefert im benachbarten Großenstein. Der Großensteiner Korbmacher machte daraus Körbe zum Kartoffellesen, Äpfellesen, Eierlesen sowie Viertelkörbe, die zum Austragen des gehäckselten Futters Verwendung fanden. Außerdem die großen Siedekörbe, die auf dem Rücken getragen wurden und die ‚Siede' aufnahmen, die vom Dreschen übrige Schale des Wcizenkorns.

Mit der Landkarte in der Hand folgte ich einer Traktorspur, die das Weizenfeld jenseits der Autobahn durchquerte und auf ein Waldstück zulief, bei dem es sich um das Holzfeld handeln musste. Ich dachte an das Kind, das ich einmal gewesen, das in kurzen Hosen durch den jungen Weizen gerannt und mit feuerroten Schenkeln, in denen noch stundenlang das Blut summte, am anderen Ende wieder herausgekommen war.

Tatsächlich glich das Holzfeld inzwischen einer Insel aus Mischwald mitten im Weizen, einer Insel mit Birken, Eichen, Tannen – und Weiden. Ich fand Weidenstümpfe, an denen der alte Verschnitt noch gut erkennbar war. Am westlichen Horizont lag die Uranerzhalde Beerwalde. Ich war angekommen, auf der letzten Insel meiner alten Kindheitslandschaft, und in Gedanken formulierte ich bereits, etwa so:

Das Holzfeld ist heute eine Insel im Weizen, um die sich ein trockener Wassergraben zieht. Ich fühle mich hier angenehm allein und spreche laut vor mich hin. Vom Holzfeld aus gesehen am westlichen, dem sächsischen Horizont also, liegt die Halde Beerwalde, ein Gebiet, das in diesen Tagen den halb betörenden und halb verstörenden Namen ‚Resurrektion Aurora' trägt, was so viel heißen soll wie ‚Auferstehung der Morgenröte'. Es handelt sich dabei um das Begleitprojekt des Altenburger Lands zur Bundesgartenschau. Oben, mitten auf der Halde, hat man ein sogenanntes ‚respektiertes Areal' angelegt, eine Fläche von dreißig Metern im Quadrat, auf der, wie es heißt, die Natur sich wieder ganz selbst gehören soll – eine Bundesgartenschau-Idee. Zu diesem Stück ‚befreiter Natur' auf dem Gipfel einer Uranhalde führt ein Weg, markiert von elf gusseisernen Kegeln, deren Grundplatten philosophische Inschriften tragen, die die Achtung vor der Natur zum Thema haben, darunter Zitate von Albert Schweitzer, Friedrich Schleiermacher und sogar von Joseph Beuys.

Aus dem gegenüberliegenden, dem thüringischen Horizont, im Grunde direkt aus dem sanft wogenden Weizen, ragt die Spitze des Kirchturms meines Heimatdorfs Korbußen. Links daneben ist die obere Krone unserer Friedenseiche gerade noch sichtbar – die Eiche von Eduard, Edwin und Erich, die Eiche meines Ururgroßvaters, Urgroßvaters und Großvaters, alle längst tot, und so, in dieser Mitte zwischen Kindheitsgarten und Bundesgarten streife ich, ‚stromere‘, wie es früher hieß, dieses wohltuende, zärtliche Wort mit dem thüringischen Klang von Freiheit – „Na, willst du nicht noch bisschen raus und herumstromern?" oder „Wo stromerst Du denn wieder herum?" oder gleich „Du Stromer!" – so also stromere ich durchs Holzfeld. Ich durchquere die Insel und am anderen Ende finde ich noch alles: den Rastplatz, wie ihn meine Mutter beschrieben hat, mit der Senke und dem Tümpel und dem Sitzplatz zwischen zwei Birken. Dort hätten sie immer gesessen in ihren Pausen und Griefenfettbemmen mit sauren Gurken gegessen und Muckefuck getrunken … Die Bank zwischen den Birken ist zerfallen und das vermoderte Sitzbrett an einem Ende mit dem Baum verwachsen; wie ein Mund hat die Rinde das Brett umschlossen und hält es in der Luft.

Eine Weile hocke ich dort vor dem alten Sitz. Ich schaue aufs Feld und seinen Wellengang, auf die dunkleren und die hellen Wellen, die entstehen, wenn der Wind stärker wird und die Halme tiefer biegt. Ich sehe, wie sich das hell-dunkle Muster fortpflanzt, wie es bis an ‚Aurora‘ heran wogt, die Halde Beerwalde, die jetzt wie ein benachbartes Riff aus dem Meer ragt.

Wahrscheinlich war ich dabei ein wenig weggedämmert. Kein Wunder, denn ohne Zweifel befand ich mich mitten im Territorium der Müdigkeit, an einem seiner magischen Orte. Es gab nichts als das Feld, das wogte und mich, der auf jene altvertraute Weise müde wurde und die Besinnung verlor. „Du, […] deren Wesen mich müde macht / wie eine Wiege"[16] heißt es bei Rilke. Ich hatte geträumt, denn ich erschrak, als ein Brunstschrei aus dem Feld stieg – es waren zwei Rehböcke, die sich drohend umkreisten und schließlich weiterzogen, gefolgt von drei Weibchen, Richtung ‚Aurora'. Ich stellte mir vor, wie das Leittier die Herde den Philosophenweg hinaufführte, an den Zitaten von Joseph Beuys und Albert Schweitzer vorbei, bis auf die Spitze der Uranschutt-Halde, ins sogenannte ‚respektierte Areal'. Ich hörte, wie das Tier dort oben zu einem markerschütternden Brunstschrei anhob, ein ungeheures, anhaltendes Röhren aus dem Brustkorb seiner entfesselten Natur, ein Weckruf, weithin über den Bundesgarten und seine Schau, weithin über die müden Dörfer, über jene Dörfer, die schlafen unter dem Schutt namens Schmirchau, Lichtenberg, Gessen, Culmitzsch und jene, die den monströsen Uranbergbau überlebten – ein nicht enden wollendes Röhren, das die Glocke, die sich vor mehr als einem halben Jahrhundert über diese Gegend gesenkt hatte, in jedem Moment zum Zerschellen bringen würde …

Inzwischen ist bekannt, dass überall dort, wo die Navajo-Indianer Nordamerikas seit Jahrhunderten ihre heiligen Bilder aus Sand, gemahlenem Mais und zerstoßenen Blüten legten, Uranerz in der Erde war. Das Heilige Land, wo seit Generationen Warnungen vor unsichtbaren Gefahren weitergegeben wurden, ist radioaktiv. Das größte Untertage-Uranbergwerk der Erde soll sich auf dem Mount Taylor befinden, dem heiligen Berg der Navajo.

Auf den Black Hills in South Dakota werden die heiligen Plätze der Sioux durch den Uranbergbau zerstört. Generationen von Ureinwohnern, Navajo oder Sioux, waren über Land gezogen und hatten genau diese Plätze gefunden für die Beschwörung ihrer Geister. Auch unter den Feldern rund um Ronneburg lag das strahlende Gestein, nur mussten wir diesen Platz nicht suchen, wir waren schon da. Warum sollte die Trance-Qualität solcher Gegenden uns weniger betroffen haben? Einer macht ein Mandala, der andere ein Gedicht.

Anmerkungen

[1] Lutz Seiler: müde bin ich. In: Ders.: pech & blende. Gedichte. Frankfurt am Main 2000, S. 66.

[2] Catherine Caufield: Das strahlende Zeitalter. Von der Entdeckung der Röntgenstrahlen bis Tschernobyl. München 1994, S. 41.

[3] Ebd., S. 43.

[4] Seiler: gravitation. In: pech & blende, S. 80.

[5] Gottfried Benn: Der Ptolemäer. Berliner Novelle 1947. In: Ders.: Sämtliche Werke, Stuttgarter Ausgabe i.V.m. Ilse Benn, hg. von Gerhard Schuster, Band V (Prosa 3), S. 30.

[6] Georg Büchner: Woyzeck. In: Ders.: Dichtungen. Leipzig 1979, S. 151.

[7] Francis Ponge: Einführung in den Kieselstein. In: Ders.: Einführung in den Kieselstein und andere Texte. Franz. u. deutsch. Frankfurt am Main 1986, S. 149.

[8] Johann Wolfgang von Goethe: Die Leiden des jungen Werther. Mit einem Nachwort von Werner Leth. Hamburg 2007, S. 92.

[9] Paul Valéry: Monsieur Teste. In: Ders.: Dichtung und Prosa, hg. v. Jürgen Schmidt-Radefeldt und Karl Alfred Bühler, Frankfurter Ausgabe in sieben Bänden, Band 1. Frankfurt am Main 1991, S. 318.

[10] Joseph Hanimann: Vom Schweren. Ein geheimes Thema der Moderne. München 1999, S. 19.

[11] Cees Nooteboom: Das Geheimnis im Weiß rund um die Wörter. In: Minima Poetica. Für eine Poetik des zeitgenössischen Gedichts, hg. v. Joachim Sartorius. Köln 1999, S. 169.

[12] Joachim Sartorius: Das neue Gedicht. In: Die Welt v. 15.7.2000, S. 12.

[13] Nooteboom: Das Geheimnis im Weiß, S. 172.

[14] Paul Bowles, zit. nach: Peter Henning: Absprung ins Nichts. In: Die Welt v. 19.11.1999, S. 14.

[15] Vgl. Ezra Pound: Vortizismus. Das Programm der Moderne. In: Ezra Pound. Ein Lesebuch. Dichtung und Prosa, hg. v. Eva Hesse. Frankfurt am Main 1997, S. 102 ff.

[16] Rainer Maria Rilke: Die Aufzeichnungen des Malte Laurids Brigge. Leipzig 1982, S. 151 f.

Die jungen Jahre.
Fontane, Huchel, Trakl, George und Pink Floyd

„Wo hat der Junge das nur her?", hat meine Großmutter öfter gefragt, und zwar meine Mutter, die es auch nicht wusste. Sobald das Nachdenken über die Herkunft dessen, was einer geworden ist, beginnt, setzt eine Suche nach Ausgangsgrößen ein. Die Geschichte des frühen Hörens, Lesens und Schreibens ist geprägt von speziellen Situationen, dem Erlebnis der ersten Begegnung, Ankerstellen, auf die das Schreiben ein Leben lang zurückkommen kann. Fünf dieser Ankerstellen sind in den recht gewagten und vielleicht etwas reißerischen Titel dieses Vortrags eingegangen, sie sollen zur Sprache kommen: Fontane, Huchel, Trakl, George und Pink Floyd – weniger im poetologischen Sinne, mehr als Erzählung vom Hören und Lesen. Lesegeschichte als Lebensgeschichte oder eine Art biographischer Abriss der Einflussgeschichte, in den ich noch zwei weitere Ankerstellen eingefügt habe, oder sagen wir Anlegestellen, das heißt: Ich möchte mit Ihnen über fünf Stationen durch die jungen Jahre reisen, die uns nicht selten eigenartig vorkommen im Rückblick und dabei unter Umständen auch fremd erscheinen, aber doch zu uns gehören wie die unsichtbare, dunkle Seite des Mondes zum Mond gehört, wenn man so will, und ich so sagen darf in einem etwas windschiefen Vergleich; immerhin, es gibt Indizien, dass wir das alles tatsächlich einmal selbst gewesen sind, im Alter von 12, von 14, von

21, 23 und 26 Jahren – das werden meine Stationen sein. Die erste Anlegestelle, im Alter von 12 Jahren:

Buffalo am Eriesee. Das Gedicht in der Schule
Lesen wir zuerst das Gedicht ein wenig an, nur die ersten beiden Strophen. Es ist *John Maynard*, und der Autor heißt Theodor Fontane:

> John Maynard!
>
> „Wer ist John Maynard?"
> „John Maynard war unser Steuermann,
> Aushielt er, bis er das Ufer gewann;
> Er hat uns gerettet, er trägt die Kron,
> Er starb für uns, unsre Liebe sein Lohn.
> John Maynard."
>
> Die „Schwalbe" fliegt über den Eriesee,
> Gischt schäumt um den Bug wie Flocken von Schnee;
> Von Detroit fliegt sie nach Buffalo –
> Die Herzen aber sind frei und froh,
> Und die Passagiere mit Kindern und Fraun
> Im Dämmerlicht schon das Ufer schaun,
> Und plaudernd an John Maynard heran
> Tritt alles: „Wie weit noch Steuermann?"
> Der schaut nach vorn und schaut in die Rund:
> „Noch dreißig Minuten … Halbe Stund."[1]

Ein Sonntagvormittag vor 35 Jahren konnte so beginnen: Ich erwachte und mein erster Gedanke war *John Maynard* – das Gedicht, dass ich an diesem Tag würde auswendig lernen müssen, das heißt, zuallererst dachte ich an Ergenbrecher, unseren Deutschlehrer. Ihm und der ganzen Klasse musste die Ballade vom Schiffbruch auf dem Eriesee vorgetragen werden. Vielleicht fragte ich mich einen Moment, warum wir ein Gedicht über einen Schiffbruch in Amerika auswendig lernen sollten. Dass man nicht Buffalo sagt (gesprochen wie geschrieben), hatte Ergenbrecher uns beigebracht. „Noch zwanzig Minuten bis Buffalo." „Noch fünfzehn Minuten bis Buffalo" usw. – so heißt es im Gedicht. Dann fiel mein Blick sicher auf den Wecker neben dem Bett mit dem Zifferblatt, das im Dunkeln leuchtete. Also nahm ich den Wecker vom Nachttisch und kroch damit unter die Decke. Die Ziffern und auch die Zeiger leuchteten grün. Nach einer Weile presste ich das Gehäuse ans Ohr, das Metall war angenehm glatt und kühl auf der Haut. Je tiefer ich mich eingehört hatte in den Gang der Uhr und die unglaubliche Vielzahl der feinen metallischen Nebengeräusche (tatsächlich hörte man mit der Zeit so gut, als säße man mitten in ihrer Mechanik), je tiefer ich also eindrang in den Gang der Uhr, um so seltsamer und unregelmäßiger erschien mir ihr Rhythmus. Es gab schnelle, betonte, aber auch ganz oberflächliche Schläge; es gab langsame Schläge, so langsam, dass man glaubte, den Atem anhalten zu müssen und die Uhr einem fast das Herz stillstehen ließ.

Schon als Kind war ich sicher, dass Uhrwerke eigenen Melodien folgen, es gab einen Geheimniszustand der Uhr, ein „Geheimherz", wie Canetti es nannte.[2] Hatte ich mich sattgehört an meinem Wecker und war wieder aufgetaucht aus meiner Höhle, fielen mir bestimmt auch John Maynard und Ergenbrecher wieder ein:

„Noch da, John Maynard?" Und Antwort schallt's
Mit ersterbender Stimme: „Ja, Herr, ich halt's!"
Und in die Brandung, was Klippe, was Stein,
Jagt er die „Schwalbe" mitten hinein,
Soll Rettung kommen, so kommt sie nur so.
Rettung: der Strand von Buffalo.[3]

Indem ich in die Küche schlich und mir ein erstes Frühstück aus trockenem Brötchen und Bautzner Senf ins Bett holte, konnte ich den Schiffbruch der „Schwalbe" und die einsame Rettungstat des Steuermannes John Maynard vielleicht noch einmal verdrängen, aber spätestens am Frühstückstisch kam die Frage auf, *wie weit* ich eigentlich mit dem Gedicht sei. Nachhilfe in Mathematik gab mein Vater, an ebenfalls sehr langen, um nicht zu sagen endlosen Sonntagvormittagen, das Auswendiglernen von Gedichten hingegen wurde von meiner Mutter beaufsichtigt.

Dieses Auswendiglernen war damals selbstverständlicher Bestandteil des Unterrichts. Ergenbrecher gab zwei Noten – eine für die Textsicherheit und eine für den Ausdruck. Bei dreißig Schülern in der Klasse hatte man den *John Maynard* neunundzwanzig mal gehört und einmal selbst gesprochen. In Wahrheit hatte man ihn natürlich noch viel öfter gehört, weil bei Ergenbrecher, der gerade mit *John Maynard* unerbittlich war, jene Schüler, die steckenblieben beim Vortrag, von Deutschstunde zu Deutschstunde neu antreten mussten, und zwar so lange, bis sie den Text von Anfang bis Ende aufsagen konnten. Das war keine Kulanzregelung, denn bei jedem erneuten Versagen gab es zwei Fünfen – eine für ‚Inhalt', eine für ‚Ausdruck'. Andreas Michel, ein Schüler, der es ohnehin nicht sehr leicht hatte in unserer Klasse, sammelte auf diese Weise so viele Fünfen, dass er Deutsch glatt mit Fünf abschloss, damit das zweite Mal sitzen blieb und daraufhin ohne Abschluss die Schule verließ. Man könnte sagen, Michel sei an Maynard gescheitert, der doch eigentlich ein Retter war und sein Leben gegeben hatte für die Passagiere auf dem Eriesee. Aber natürlich war es Ergenbrecher gewesen, und ich und wir alle hatten Angst vor Ergenbrecher, und also lernte ich das Gedicht – so lange, bis es saß.

Dass ich dabei mehr gelernt habe als zwei, drei Seiten Text, die ich im Schlaf hätte hersagen können, verdanke ich meiner Mutter. Ihr verdanke ich, dass mich die langen Gedichte tatsächlich berührten und auch *John Maynard* mich leise erwischte und auf eine Weise im Gedächtnis blieb, dass ich bei einem Besuch am Eriesee vor einigen Jahren das Gefühl hatte, schon lange eine Beziehung zu haben zu dieser schönen fremden Gegend um die großen Seen zwischen den USA und Kanada. Aber in erster Linie ist das natürlich Fontane zu danken, der das Gedicht, wie ich viel später erfuhr, anlässlich eines Zeitungsberichts über ein Schiffsunglück geschrieben hatte.

Keine Ahnung, ob auch heute noch die langen Gedichte auswendig gelernt werden in der Schule. Meine Mutter, die diese Erstbegegnung mit Poesie überwachte, hatte mir eine Technik des Auswendiglernens beigebracht – zuerst eine Strophe lernen, dann in die Küche zu ihr, die Strophe aufsagen, dann zurück ins Kinderzimmer, Strophe eins und zwei erlernen, zurück in die Küche, die Strophen eins und zwei aufsagen usw. – eine ständige Pendelbewegung, häusliche Mechanik, und eine Mutter, die die Mühe auf sich nimmt, diese Gedächtnis- und Speichertechnik einzuüben. Das alles geschieht so oder so ähnlich, wie Friedrich Kittler in den *Aufschreibesystemen* die Rolle der Mutter bestimmt, nur etwa um 1800.[4] Aber auch 1975 in Gera/Thüringen funktionierte es kaum anders: Die Mutter als Bildnerin, Gestalterin einer empirischen Lernsituation hin zu einer idealen und, wenn man so will, programmierenden, mit einem Lernprogramm. Eine Mutter, wie sie Andreas Michel sicher entbehrte. Dazu die Einbettung des Geschriebenen, in diesem Fall der Ballade von John Maynard, in jene Liebe, wie sie nur diese Urbildnerin erweist und verdient. „Mit dem Üben lehrt die Mutter zugleich, dass diese, ihre Liebesgabe, unvergesslich ist."[5]

geruch der gedichte

„schön konzentrieren bitte!" das
war der tonfall unsrer langen
   sonntagvormittage &
ihre lithurgie: handschuh, kraniche
des ibykus, john maynard
war unser steuermann, doch

meine mutter bestimmte den kurs:
zeile für zeile, name
des autors, überschrift, die kleine
pause & dann das gedicht:
enjambement, diesen ausdruck kannte
keiner, es gab nur den löffel

der mir diktierte, das wippen & nicken
über den töpfen mit klößen
& thüringer soßen, erst
die worte, dann die punkte („auch
die kommas hat der autor schließlich
nicht umsonst gesetzt") & dann
die innere bewegtheit meiner mutter, die
mir vorsprach – ich

stand unter der küchentür, ich lernte das alles
von ihr: erst ohne betonung
dann mit[6]

Ich komme zur zweiten Anlegestelle, sieben Jahre später, im
Alter von 21 Jahren, sie heißt:

Peter Huchel und die Laubsägearbeit
Mit 21 Jahren, während meiner Zeit beim Militär, begann ich
zu lesen, gleichzeitig begann ich zu schreiben. Vor meiner

Armeezeit hatte ich drei Jahre im Bauwesen gelernt und dann noch einmal drei Jahre als Maurer und Zimmermann auf Baustellen gearbeitet. Nichts deutete in dieser Zeit auf Gedichte hin, Literatur interessierte mich nicht. Mit 20 begann ich meinen Grundwehrdienst, 18 Monate in Merseburg, vor den Toren der LEUNA-Werke. Was wir damals alle und ohne Ausnahme taten in unserer Freizeit, waren Laubsägearbeiten. Zwölf Mann in einer Stube, an einem winzigen Tisch, vollkommen hingegeben der geduldigen Herstellung kompliziertester Szenen mit Jäger, Tanne und Wild, ein endloses Aussägen und Schmirgeln von Schwibbögen und Kerzenhaltern, Weihnachtsschmuck aus Sperrholz, wie er vor allem in Thüringen und Sachsen beliebt ist. Ich war nicht talentiert dafür. Für eine Laubsäge mit ihrem feinen, empfindlichen Sägeblatt braucht man eine lockere Hand, die ich als Zimmermann, der zuvor vor allem mit den um einiges gröberen Bügelsägen und Zimmermannssägen zu tun gehabt hatte, nicht mitbrachte, im Gegenteil. Immer wieder gab es komplizierte Passagen, zum Beispiel die kleine Kurve rund um das Ohr eines Rehs, wo man zugleich darauf zu achten hatte, die dem Ohr unmittelbar benachbarte Flinte des Jägers nicht abzubrechen – weihnachtliche Szenen, deren Surrealität mir nicht im Geringsten bewusst war. Es war ja nur so wie im Leben, das uns damals umgab: Das unmittelbar Zweckdienliche begründete das, was geschah, als ‚normal‘, und das scheinbar Normale machte seine Surrealität unsichtbar. Kurz: An einem solchen neuralgischen Punkt wie dem zwischen Waffe und Ohr erwies sich die Meisterschaft dessen, der die Säge führte. Nachdem ich nicht nur meine eigenen, sondern auch die Reservesägeblätter meiner Kameraden zerbrochen hatte, wurde ich endgültig vom Tisch verbannt. Ich lag auf dem Bett, ich war frei und begann: zu lesen. Das Lesen war als Ereignis so neu, groß und umfassend, dass das Schreiben augenblicklich dabei war – das Lesen rief das Schreiben auf. Ich schrieb Langgedichte mit blauer Tinte auf liniertes Papier, die erste Fassung war auch die letzte. Das Lesen als späte Entdeckung, Entdeckung einer ungeahnten Möglichkeit. Man konnte allein und doch in ganz anderen Welten zu Hause zu sein. Dabei war tatsächlich das Lesen selbst das Ereignis, nicht eine bestimmte Lektüre. Auswahlkriterien hatte ich nicht in dieser ersten Zeit, die erwarb ich erst später, nach meiner Entlassung, als ich mich zunächst daran gewöhnen musste, dass es ein Lesen gab ohne Holzbearbeitungsgeräusche im Hintergrund.

Schon nach kurzer Zeit hatte Oberfähnrich Will, der Kulturoffizier unserer Einheit, erfahren, dass es in der dritten Gruppe der sechsten Kompanie des zweiten Pionierbaubataillons einen Soldaten gab, der las und schrieb. Vielleicht hatte ihm das Unteroffizier Junghans erzählt, oder sagen wir *gemeldet*, unser junger Gruppenführer, der aus einem Ort meiner Heimatgegend stammte. Da in unserer Kaserne kein ‚Zirkel schreibender Soldaten' existierte (auch das gab es in der DDR, nur war unsere Einheit dafür zu klein), schlug er mir den Besuch eines ‚Zirkels schreibender Arbeiter' an unserem Standort vor, ein Zirkel von Arbeitern der LEUNA-Werke, der 14-tägig in der kleinen Leihbibliothek im Souterrain des Kulturhauses von Leuna zusammenkam, einer der wenigen Zirkel, die übrig geblieben waren von der großen Kampagne des Bitterfelder Wegs mit seinem Aufruf ‚Greif zur Feder, Kumpel!' – die Arbeiter selbst sollten die Schriftsteller sein und die Arbeitswelt ihr Thema.

Ich war überrascht vom Vorschlag des Oberfähnrichs, fühlte mich aber auch geschmeichelt – das erste Mal wurde ich als jemand angesehen, der schrieb – ich war *entdeckt*, wenn man so will, und plötzlich erhielt das Ganze eine andere Dimension, eine gewisse Ernsthaftigkeit, oder anders gesagt: Es gab eine Schwelle, die zu überschreiten ich schließlich bereit war, vor allem wegen des Sonderausgangs, alle 14 Tage von 17 bis 21 Uhr – genug Zeit, um nach dem Treffen mit den anderen schreibenden Arbeitern noch einzukehren für ein Bier und ein Bauernfrühstück.

Jetzt müsste ein wenig über den Zirkel gesprochen werden, aber das führt an dieser Stelle zu weit. Heute staune ich darüber, wie sorglos ich damals war und naiv, vielleicht in einem guten Sinne, denn mit Sicherheit war es vor allem diese Naivität, die mir den Eintritt in den Zirkel der Schreibenden ermöglichte. Trotzdem staune ich noch immer darüber, wie wenig Gedanken ich mir damals machte bei diesen Dingen. Wie wenig sich mir mitteilte von dem vermutlich, vorsichtig gesagt, nicht geringem Erstaunen der Mitglieder des Zirkels über das Erscheinen eines jungen Mannes in Uniform mitten in ihrer Runde, der ganz offensichtlich keinerlei Ahnung hatte von Literatur, aber willens war, seine handgeschriebenen Langgedichte vorzutragen, und das möglichst sofort.

Vor der Ausleihe der kleinen Souterrain-Bibliothek, in der wir, die Zirkelmitglieder, sich trafen, in der Regel waren das nicht mehr als sieben, acht Leute, stand eine Holzkiste mit aussortierter Literatur – zu erwerben für 50 Pfennig oder eine Mark das Stück. Ich hatte, wie gesagt, kein Auswahlkriterium – bei jedem Besuch des Zirkels kaufte ich von meinem Sold, der bis dahin ausschließlich für Schnaps, Zigaretten und Schokolade verbraucht worden war, wahllos diese Bücher auf, die man aus dem Bestand genommen hatte, aus welchen Gründen auch immer. Am Anfang meines Lesens hab ich all das gelesen, die Holzkistenliteratur, wenn man so will, das Überflüssige, Aussortierte. Wenigstens einmal war auch Goldstaub darunter: Peter Huchel, *Gedichte*, Aufbau-Verlag, Berlin 1948. Der Gedichtband, eigentlich schon damals eine Rarität und bibliophile Kostbarkeit, was weder ich noch die Bibliothekarinnen wussten, hatte innen zwei Stempel: „Geprüft nach der

Liste der auszusondernden Literatur vom 1. April 1946" und „Ausgesondert 1983". Dazwischen waren drei Entleihungen notiert. Ich als der Vierte also durfte ihn mitnehmen ins Herbstfeldlager unseres sogenannten Pionierbaubataillons, denn dafür hatte ich das Buch gekauft, nicht nur dieses, einen ganzen kleinen Vorrat von Büchern, zur Verpflegung gewissermaßen, neben Käsebüchsen und Zigaretten. Im ersten Diensthalbjahr war ich zum Fahrer eines Fünftonners ‚W 50 Ballon' ausgebildet worden, der Teile einer sagenhaften und im Osten, wie es hieß, einmaligen ‚Scheinbrücke' geladen hatte.

Vielleicht fragen Sie sich, was eine Scheinbrücke sein soll? Ich vermute, die Wenigsten von Ihnen sind mit dem Begriff der Scheinbrücke vertraut, und das ist vollkommen verständlich. Zur militärischen Ausbildung und Technik unserer Einheit vielleicht nur so viel: Unsere Spezialität waren Attrappen – der Bau militärischer Attrappen im Gelände, die im Luftbild der feindlichen Tornados Ziele und Truppenstärken vortäuschen sollten, Panzer, Brücken, Flak-Stellungen, wie sie nicht einmal annähernd vorhanden waren. Unsere ganze Grundausbildung drehte sich um Attrappen. Attrappen waren eine Spezialität des Warschauer Pakts, und ich meine, wir waren sehr gut ‚in Attrappen': Wie große Kinder in einem enorm vergrößerten Sandkasten hatten wir wochenlang – zum Beispiel – eine am Waldrand stationierte Panzereinheit zusammengeschaufelt, aus dem Boden gekratzt gewissermaßen, mit unseren Klappspaten, das heißt: möglichst originalgetreu nachgebildet aus märkischem oder mecklenburgischem Sand und dann getarnt mit Kiefern- oder Tannenzweigen. Im Winter mussten wir unsere mit Kiefernstämmen als Kanonen bestückten Panzer mit Wasser übergießen, denn so wurden sie *schön fest*. Und im Luftbild des Feindes erschienen ganze Einheiten schwerer Technik, die wir aus dem Boden gestampft hatten.

Das Feldlager also: für jeden Soldaten ein Horror. Zuerst die lange Fahrt, Kolonnenfahrt, die Scheinbrücke auf der Ladefläche. Huchel steckte innen unter dem Dämmfilz der Motorhaube, die Fahrer- und Beifahrersitz trennte. Das Buch riecht noch heute nach dem Diesel, den wir beim Vorglühen literweise einpumpen mussten, damit die Maschinen ansprangen in der Kälte. Bereits während der vielen Stopps unterwegs in das Lager am Fluss, wo wir unsere seltene Brücke übungsweise aufbauen sollten (und es hieß, dies sei im Grunde noch niemals gelungen), begann ich zu lesen. Später erlebte ich nie wieder eine derart von den Zeitläuften abgekoppelte Lektüre. Ein Lesen quasi außer der Zeit, schon die Stopps dauerten Stunden, wenn einer der Wagen liegen blieb: „Ich sah des Krieges Ruhm. / Als wärs des Todes Säbelkorb"[7] – ich las und spürte die Schwere im Vorwärtsgang unserer seltsamen Karawane. Huchels Bildwelt des Nachkriegs mit den Trecks der Geschlagenen und Vertriebenen, den Gebeinen der Toten an den Wegen und den verwüsteten Chausseen berührte jene dünne Decke über unserer eigenen Angst, die nachts bei jedem Übungsalarm riss für jene erste Schrecksekunde namens Ernstfall.

Am Fluss angekommen, begann augenblicklich der sich dann über die drei Wochen unserer Zeit im Lager dehnende Versuch, die Scheinbrücke, die niemand von uns vordem gesehen hatte, zu errichten. Das alles selbstverständlich unter ‚Gefechtsbedingungen', was hieß, dass ich als Fahrer das Fahrerhaus im Grunde nicht verlassen durfte. Nach dem Abladen drehte ich meinen Wagen und schaute drei Wochen durch den Novembernebel auf den Fluss und meine Kameraden, die sich mit den Teilen der Brücke abquälten. Um der Verblödung durch den sich groß öffnenden Raum des Nichts zu entgehen, kursierte Kaffeelikör, ich verfiel entweder in eine Art Totenstarre, oder ich las und sprach Huchel vor mich hin:

Still das Laub am Baum verklagt.
Einsam frieren Moos und Grund.
Über allen Jägern jagt
hoch im Wind ein fremder Hund.

Überall im nassen Sand
liegt des Waldes Pulverbrand,
Eicheln wie Patronen.

Herbst schoß seine Schüsse ab,
leise Schüsse übers Grab.

Horch, es rascheln Totenkronen,
Nebel ziehen und Dämonen.[8]

Dabei verwandelte sich die Frontscheibe meines Wagens, durch die ich hinunterstarrte auf die Brücke, zu einer Art Bildschirm, in dem die Szene nach und nach ihren fiktiven Charakter annahm und mit ihr die Natur ihre Künstlichkeit. Ich sah Scheinbäume, den Scheinfluss mit seinem gegenüberliegenden Scheinufer und Scheinsoldaten, die ihn überbrücken sollten mit ihrer Scheinbrücke. Anders als Huchel, der sich an der Mystik Jakob Böhmes orientierte und dessen Überzeugung, dass bei Mensch, Tier und Pflanze die äußere Erscheinung der „inneren Gestaltniß"[9] entspricht, sah ich nur noch Attrappen in ihrer rätselhaften Aktion. Huchel unternahm den Versuch, seine Landschaft und mit ihr das Wesen der Dinge in Sprache, in ‚äußere Gestaltniß' zu verwandeln. Nach zwei Wochen, angefiebert vom Nichts und Kaffeelikör, begann ich den Versuch, mir eine *gegenläufige, autarke* Bedeutung der Dinge zu konstruieren. Ich wollte ein Gedicht schreiben, dass davon handeln sollte, dass wir in unserem Leicht-Sinn den Dingen mit Bedeutungen zuvorkamen, so dass diese schließlich ihre Wirklichkeit verbargen usw. Dabei konnte ich ausgehen von unserer sagenhaften Brücke, denn sie *war* eine Attrappe.

Nach zwei Wochen unseres Feldlagers hatte die Landschaft um mich her vollständig fiktiven Charakter angenommen. Immer wieder las ich Huchel und bemerkte, dass seinen Gedichten ein gegenläufiger Sinn bereits eingeschrieben war. Eine Prozession von Schattengestalten zog mit Laub und Asche an den Füßen durch den Text der Havelnächte, hin zur Kindheit, zur Vorzeit und den Toten.

„Duft aus wieviel alten Jahren / neigt sich hier ins Wasser sacht. / Wenn wir still hinunter fahren, / weht durch uns der Trunk der Nacht":[10] Spätabends, am Ende der dritten Woche unseres Feldlagers, durchweht vom Warten, Trinken und Lesen, sah ich, wie sich die Scheinbrücke, unser Gesellenstück, unsere kostbarste Attrappe, langsam auf den Fluss hinausschob: Zehn Sekunden hielt sie stand, bevor sie im Druck der Strömung auseinanderbrach. Ein paar schwimmende Tonnen mit Kupplungen und aufgeschraubten Gittern hatten – aus der Luft eine Panzerpontonbrücke geben sollen, eine Brücke nur für das Bild einer Brücke und seine Bedeutung auf den 10-mal-10-Zentimeter-Bildschirmen im Cockpit der Tornados.

Wir wissen, dass Attrappen noch in der Kriegsführung der Serben im Balkankrieg äußerst erfolgreich waren. Als – zum Höhepunkt der amerikanischen Luftangriffe – Martin Walker vom *Guardian* bei einer Pressekonferenz die Frage stellte, warum die Nato mit Millionen Dollar teuren Waffen gegen Geschütze aus Telefonmasten, Sand und Wagenrädern kämpfe, dachte ich an Huchel und seine Gedichte.

Lesen wir drei Strophen aus Peter Huchels *Havelnacht*:

> Hinter den ergrauten Schleusen,
> nur vom Sprung der Fische laut,

schwimmen Sterne in die Reusen,
lebt der Algen Dämmerkraut.

[...]

Duft aus wieviel alten Jahren
neigt sich hier ins Wasser sacht.
Wenn wir still hinunter fahren,
weht durch uns der Trunk der Nacht.

Die vergrünten Sterne schweben
triefend unterm Ruder vor.
Und der Wind wiegt unser Leben,
wie er Weide wiegt und Rohr.[11]

Erlauben Sie mir, dass ich an dieser Stelle noch einmal sechs
Jahre zurücktrete, aus der Welt des einundzwanzigjährigen
Soldaten mit ersten Gedichten in die Welt des Vierzehnjähri-
gen. Meine dritte Anlegestelle heißt:

„Wish you were here"
Denn im Grunde begann das Schreiben mit dem Abschreiben,
zuallererst mit Abschriften der Songtexte von Pink Floyd und
der damit verbundenen Eroberung der Schrift. Ich war 14 Jahre
alt und hatte meine erste wirkliche (oder sagen wir selbstge-
wählte) Begegnung mit Poesie. Für den heiligen Akt dieser
sich über Stunden und Tage hinziehenden Abschrift, für diese
Andacht mit *Dark side*[12] und *Wish you were here*[13] wechselte
ich erstmals von der Schreibschrift, wie sie uns in der Schule
beigebracht und zur Regelschrift erhoben worden war, in die
geschriebene Druckschrift. Am Anfang noch ganz steif, unge-
lenk, mühevoll, aber es musste so sein und nicht anders. Erstmals saß ich freiwillig und sehr lange am Schreibtisch, der im
rechten Winkel aus der Schrankwand meines sogenannten Ju-

50

gendzimmers hervorragte, das wiederum Teil war einer Zwei-einhalbzimmer-Neubauwohnung in Gera-Langenberg, einer Vorstadt in Thüringen, nicht weit von der Grenze zu Sachsen. Mein sogenanntes ‚Rock-Album' entstand, ein blassgrüner Schnellhefter voller eng beschriebener Seiten. Ich schrieb die englischen Originaltexte und ihre deutschen Übersetzungen ab, allesamt.

Den damit verbundenen Schriftwechsel, Wechsel aus der Schulschrift in eine eigene Handschrift, sehe ich heute als Sprung, äußeres Kennzeichen und Ausdruck einer neuen Reifestufe, ein Akt der Emanzipation, den meine Eltern mit Sorge und sanfter Missbilligung verfolgten: Wozu um alles in der Welt sollte es gut sein, stundenlang abzuschreiben? Man könnte auch etwas Sinnvolles tun in dieser Zeit. Ich saß am Schreibtisch meines Jugendzimmers und hörte Tonbandkassetten ab, die Sendung hieß DT 64, die Aufzeichnung einer Rundfunk-Kritik zu Pink Floyd – zehn Sekunden lauschen, Stopptaste drücken, schreiben, Playtaste drücken usw. Auf diese Weise transkribierte ich die vollständige Musikkritik, die immerhin über eine knappe halbe Stunde lief und so sagenhafte Sätze enthielt wie: „Er muss sich suchen. Er dreht am Radio, um sich zu finden." Die Fans unter Ihnen erkennen die Szene sofort. Eine Beschreibung der krisenhaften, vom Musikbusiness heraufbeschworenen Situation des Helden am Anfang des Songs *Wish you were here* auf dem gleichnamigen Album, das im September 1975 erschienen war. Das Ganze in Anspielung auf Syd Barret, den Bandgründer, der im Zuge einer Drogenkarriere in andere Sphären entschwunden war: „Er muss sich suchen, er drehte am Radio, um sich zu finden."[14]

Ein kleine Technik-Abschweifung: Mein Onkel hatte mir zur Jugendweihe einen Kassettenrekorder geschenkt, das war die technische Voraussetzung meiner Transkriptionsarbeit im Rahmen meiner Pink-Floyd-Manie – ja, dieser kleine Rekorder war das denkbar wichtigste, kostbarste Geschenk neben einem Taschenrechner der Firma Omron, einem Haak-Weltatlas und einer gewissen Summe Geld, die ich eisern für ein Moped sparte. Fernziel war ein oranges Simson 50, kurz S 50, offiziell hieß die Farbe ‚saharabraun‘, worunter man sich in der DDR kaum etwas vorstellen konnte – war die Sahara wirklich braun? Und weshalb war sie braun, und warum sollte ein Moped aus Suhl *saharabraun* sein? usw. – Kaum beginnt man über diese Fragen etwas nachzudenken, steht einem das Kollektiv der Moped-Hersteller vor Augen, Ingenieure, Konstrukteure, Angestellte, wie sie in ihrer Beratung sitzen, in Suhl, im tiefsten Thüringer Wald, einigermaßen abgeschnitten von der Welt und jeder Sahara, und sich fragen, wie sie das dunkle Gelb, das sie für ihr neues Zweirad kreiert haben, nennen sollten – und plötzlich sagt einer „saharabraun“, ein schreibender Arbeiter vielleicht, und alle Gedanken schweifen in die Ferne, man sieht ein Moped S 50 aus Suhl, wie es über die Dünung der Wüste jagt, und der kleine Motor heult auf …

Aber zurück zum Kassettenrekorder: Leider war es nur ein Minett, die billigste Variante, ein Gerät, das mein Onkel als Arbeiter in den Keramischen Werken Hermsdorf praktisch selbst zusammengelötet hatte. Ein Minett! Kein Annett, kein Sonett und schon gar kein Stern Recorder, die allesamt über ein eingebautes Radioteil verfügten und somit Musik direkt vom Radio aufnehmen konnten. Ich hingegen benötigte dafür ein Überspielkabel mit einer mindestens fünfpoligen Diodenbuchse und die Erlaubnis, es an die Stereoanlage meiner Eltern anschließen zu dürfen, die ihren Platz natürlich in der Stube hatte, eingebaut in die Schrankwand, unpraktisch in jeder Hinsicht …

„Er muss sich suchen. Er dreht am Radio, um sich zu finden.“[15] Bitte verzeihen Sie, ich kehre zum ‚Rock-Album‘ und damit zum Eigentlichen zurück. Wenn ich heute darin blättere, kann ich sehen, wie sich bei meinen Abschriften zu Pink Floyd meine Handschrift entwickelt hat, ja, wie sie von Stunde zu Stunde flüssiger wurde und wie ich begann, Verbindungen zwischen den geschriebenen Druckbuchstaben herzustellen und erneut eine Art Schreibschrift oder eben geschriebene Druckschrift entstand – ein Akt der Individuation, der unmittelbar mit seinem Gegenstand verknüpft war – der Musik und Ideenwelt von Pink Floyd, in deren Bann ich mich befand. Dabei war, wie gesagt, der Wechsel aus der Schulschrift durchaus mühevoll, hatte aber auch etwas Spielerisches. Man konnte Eigenheiten kreieren. Ich begann, das alte Schreib-S aus der Unterschrift meiner Mutter (bei ihr selbst ein Überbleibsel aus dem Sütterlin, ihrer eigenen Schulschrift) in meine Druckschrift einzufügen – immerhin war es der Anfangsbuchstabe unseres Familiennamens (verbissen geübt für die ab und zu unumgänglichen Fälschungen der mütterlichen Unterschrift), und ich übernahm das energische ‚R' meines Vaters, genauso, wie er es selbst am Anfang seines Vornamens schreibt, zackig und mit Schwung – Reinhard Seiler. Pink Floyd, oder sagen wir der Pink-Floyd-Zustand, diese frühe Andacht (wir haben hier noch gar nicht von der Musik gesprochen, von der emotionalen Überwältigung, diesem Wasserfall in der Wüste, saharabraun …), diese frühe Andacht also und der damit verbundene, notwendige Schrift-Wechsel gab mir die Gelegenheit, die Initialen meiner Familie in meine Handschrift einzuschreiben. Natürlich habe ich das damals nicht auf diese Weise reflektiert, damals hätte ich nicht sagen können, dass diese Abschriften offensichtlich nicht nur Ausdruck einer Emanzipation, sondern auch eines Anspruchs auf Herkunft und Erbfolge waren.

Bis heute ist der handgeschriebene Text als erste Niederschrift das wichtigste Medium meiner Schreibarbeit. Die erste Fassung meines Romans *Kruso* habe ich mit Bleistift in linierte, randlose Ringblöcke geschrieben, kapitelweise. Bei der

Schreibarbeit versuche ich, so lange wie möglich im Schrift-
bild dieser Bleistiftfassung zu bleiben, mich so lange wie möglich dort aufzuhalten und dort weiterzumachen, mit Durch-
streichungen, Ergänzungen, Marginalien usw., jedenfalls so
lange, bis mich das Chaos auf meinem Blatt bzw. das Kriteri-
um der Übersichtlichkeit zum nächsten Schritt zwingt. Die
Handschrift ermöglicht einen Zugang zum Stoff, den ich mit
der dann folgenden Maschinenfassung verliere, seltsamerweise. Der Computerausdruck entwickelt eine Art eigene Autorität
– er tut so, als wäre er schon etwas und ist störrisch in der weiteren Überarbeitung. In der Regel schreibe und überarbeite ich
also so lange wie möglich mit dem Bleistift. Aus einer bestimmten Zwanghaftigkeit resultiert schließlich alles Weitere,
das heißt: Benutzt werden ausschließlich die schwarz-gelben
Bleistifte der Firma STAEDTLER Mars GmbH aus Nürnberg und
zwar der mittleren Härte HB 2. Dieser Bleistift namens Noris
muss immer sehr sehr spitz und möglichst frisch sein, weil ich
ihn nur bis zu einer gewissen Länge gut benutzen kann – sind
zwei, drei Zentimeter heruntergeschrieben, liegt er schon nicht
mehr gut genug in der Hand, und ist der Stift irgendwann um
ein Drittel seiner ursprünglichen Länge geschrumpft, ist die ab-
solute Grenze erreicht, und ich brauche einen neuen Staedtler.
Mein Verschleiß ist enorm. Am allerbesten ist der lange, bis
zum Äußersten angespitzte Bleistift – so spitz, dass gleich
beim ersten Wort ein wenig vom Graphit wegsplittert und eine
winzige Explosionsspur übers Blatt zieht. Der Ausdruck ‚über-
spitzt' leuchtet mir vollkommen ein.

Jetzt aber zu Pink Floyd, diesem Eigentlichen, diesem Anfang des Schreibens. Eine Musik, die mich ins Herz traf – ich
war 14 Jahre alt, wie gesagt. Pink Floyd bedeutete damals: eigentlich alles. *The dark side of the moon* oder *Wish you were
here* (beide Platten erschienen auch in der DDR) waren umfas-
sender Ausdruck eines Daseinsgefühls, das im Begriff stand,

zu erwachen, erwachsen zu werden, sich dabei allerdings von allerhand gesellschaftlichen Schranken und Vereinnahmungsprogrammen umstellt sah. Und genau so könnte das Thema des Konzeptalbums *Wish you were here* umschrieben werden. An dieser Stelle müsste länger über alles Mögliche gesprochen werden. Vor allem über Syd Barret, den Bandgründer und seine Bedeutung für die gesamte Geschichte von Pink Floyd – aber das ist in diesem Rahmen nicht zu schaffen.

Fast unmöglich zu beschreiben, was die Musik von *Wish you were here* im Kern gewesen ist. Die Entdeckung einer existentiellen Verlorenheit und zwar als Rausch- und Glücksgefühl, eine Verlorenheitslust, die einhergeht mit der Entdeckung, ein eigener Mensch zu sein. Das Erlebnis der Individuation also, das Erlebnis des Eigenen, eines eigenen Daseins, einer eigenen Traurigkeit, die zu feiern mehr als genug Anlass war: Abschied von den Eltern, Abschied von der Kindheit. Eine Verlorenheitslust und süße Verzweiflung, weil sie den Besitz eines eigenen Schicksals beglaubigt und Quellgrund einer großen, irrationalen, alles umfassenden Sehnsucht sein konnte.

Hier der Anfang des Textes von *Wish you were here*, in deutscher Übersetzung:

> Du glaubst also, du kannst den Himmel von der Hölle unterscheiden?
> Den blauen Himmel von der Pein.
> Kannst du ein grünes Feld von einer kalten Stahlschiene unterscheiden?
> Ein Lächeln von einem Schleier? Glaubst du, du kannst das?
> Haben sie dich dazu gebracht, deine Helden gegen Gespenster einzutauschen?
> Heiße Asche gegen Bäume.
> Heiße Luft gegen eine kühle Brise.
> Kalten Komfort gegen Veränderung.
> Und tauschtest du einen Spaziergang im Krieg

gegen eine Führungsrolle im Käfig?
Wie sehr ich doch wünschte, du wärst hier!
[...]

„Ich wünschte, Du wärst hier" – der Text arbeitet sich über relativ eindeutige Dichotomien hin zu einer Frage, die mich schon damals, als Vierzehnjähriger, einigermaßen irritiert und ins Grübeln gebracht hat, ohne Ergebnis:

> Und tauschtest du einen Spaziergang im Krieg
> gegen eine Führungsrolle im Käfig?

Oder, wie es mir Alexander Booth, der amerikanische Übersetzer meiner Gedichte, vorschlug:

> Hast du eine Nebenrolle im Krieg
> gegen eine Hauptrolle im Käfig getauscht?

Ich hatte das Lied zu einer Art persönlichen Hymne auserkoren, das hieß, ich hatte seinen Text sauber mit Filzstift und in der frisch errungenen eigenen Schrift transkribiert auf ein Blatt Zeichenpapier und ihn direkt über dem Kopfende meines Betts befestigt. Er hing dort zwischen den billigen Postern einiger ostdeutscher Bands wie Electra, Lift oder Berluc, die auf ihren Konzerten Pink Floyd nachspielten, daneben ein riesiger Schattenriss Che Guevaras und ein Hochglanzfoto des neuen Volvo-Kombi, metallicbraun und mit riesiger Stoßstange.

> Und tauschtest du einen Spaziergang im Krieg
> gegen eine Führungsrolle im Käfig?

Du glaubst also, du kannst den Himmel
von der Hölle unterscheiden.
Den blauen Himmel von der Pein.
Kannst Du ein grünes Feld von einer kalten
Stahlschiene unterscheiden?
Ein Lächeln von einem Schleier,
glaubst du, du kannst das?
Haben sie dich dazu gebracht, deine Helden
gegen Gespenster einzutauschen?
Heiße Asche gegen Bäume.
Heiße Luft gegen eine kühle Brise.
Kalten Komfort gegen Veränderung.
Und tauschtest Du einen Spaziergang im Krieg
gegen eine Führungsrolle im Käfig.
Wie ich doch wünschte, du wärst hier!
Wir sind bloß zwei verlorene Seelen, die in
einem Aquarium schwimmen,
Jahr um Jahr über dem ewig gleichen
Grund laufend.
Was haben wir gefunden?
Die ewig gleichen Ängste.
Wie sehr ich wünschte, du wärst hier!

Pink Floyd

Pink Floyds „Wish you were here" in deutscher Übersetzung
(Übersetzer nicht ermittelbar). Abschrift des Autors aus dem
Jahr 1977 (Archiv: Lutz Seiler).

Nachts lag ich im Bett und starrte auf den Text über meinem Kopf: Er war unsichtbar. Er lag im Dunkel, außerhalb des Lichtkegels meiner Nachttischlampe. Aber ich wusste, dass er da war, und ich hatte seinen Wortlaut im Kopf. Auf irgendeine schwer zu begründende Weise war es wichtig, ihn dort zu wissen, im Dunkel, in meiner Nähe, ich hatte diesen Worten Größe und Wichtigkeit zugesprochen, auch wenn ich sie nicht vollkommen verstehen konnte (oder anders vielleicht: gerade weil sie dieses Rätsel enthielten).

„Ich wünschte, du wärst hier." Ausdruck einer alles umfassenden Sehnsucht. Alexander Booth machte mich darauf aufmerksam, dass jenes „to be here" nicht nur eine physische, sondern auch geistige Anwesenheit meint. Das bestätigte meine heutige Sicht auf den Text im Dunkel. Erinnert das Ganze nicht an den Sinn- oder Segensspruch, der zu eigenem Heil oder Schutz übers Bett gehängt wird, eine Art Traumfänger, der böse Geister abwehren konnte?

> Und tauschtest du eine Nebenrolle im Krieg
> gegen eine Führungsrolle im Käfig?

Was wollte die Band damit sagen? Was hatte sich Roger Waters dabei gedacht? Was war gemeint – was sollte besser sein? Frei und ohne Bedeutung im Krieg oder sicher und wichtig im Käfig? Gab es etwas Schlimmeres als Krieg? Würde Roger Waters zum Beispiel den Käfig wählen? Wohl kaum. Das Trauma des im Krieg gefallenen Vaters beeinflusste seine musikalische Arbeit von *The dark side of the moon* über *Wish you were here* bis zu *The Wall*[16] – ein gefallener Vater, den er niemals wirklich kennengelernt hatte und der trotzdem zu einer Zentralfigur seines Denkens und Fühlens wurde.

Krieg oder Käfig? – mit dieser unbeantwortbaren Frage ist mir das Lied im Gedächtnis geblieben. Mitten im Lied gibt

Waters die Duplizität des einfachen Gegensatzes auf, das Lied tritt heraus aus seiner moralischen Infantilität, es lässt den für jeden Vierzehnjährigen leicht zu entziffernden Code und sein Gut-Schlecht-Muster einfach fallen und offeriert, einigermaßen ansatzlos, eine wirkliche Ausweglosigkeit. Oder anders gesagt: Er stellt die Frage, die uns momentan am schwierigsten erscheint: Sollen wir das, was ‚unsere bürgerliche Freiheit' genannt wird, nicht besser aufgeben, um unser Leben in Sicherheit zu wissen – letztlich, um zu überleben? Kontrolle, Überwachung, Datenspeicherung, Passagierlisten, mehr Polizei, mehr staatliche Gewalt, Ordnung, Diktatur vielleicht? – Ist all das nicht besser als das, was nach den Terror-Anschlägen von Paris am 13. November 2015 bereits ‚der Bürgerkrieg in Europa' heißt, besser jedenfalls, als das, was uns geschähe in einem wirklichen Krieg? Keine Antwort. Erst recht nicht im Lied. Dafür maximale Ausweglosigkeit, gefolgt von aller verfügbaren Sehnsucht, gleich in der folgenden Zeile: „Wie ich doch wünschte, wie sehr ich wünschte, Du wärst hier." Das klingt wie Sehnsucht nach Erlösung, nicht nach eigener Initiative. Eher nach Aufgabe jener Hoffnung, wie sie der moralische Impetus der ersten Zeilen noch zu enthalten scheint.

1981 habe ich das Blatt mit dem Liedtext abgenommen von der Wand, auch den metallicbraunen Volvo mit der riesigen Stoßstange und auch den Che Guevara. Ich war siebzehn Jahre alt. Ich schrieb keine Texte mehr ab, ich verlor das Pink-Floyd-Gefühl. Ich beschäftigte mich mit Mauerwerksbau, Baukonstruktionslehre und Statik, ich beschäftigte mich mit Motorrädern, frisierten Einzylindermotoren, Halbverkleidung und selbstgeschmiedeten Seitenständern. Mit 19 schloss ich eine Lehre als Baufacharbeiter mit Abitur ab. Literatur spielte keine besondere Rolle in meinem Leben, eigentlich keine Rolle. Dann die Armeezeit, Nationale Volksarmee, mein Grundwehrdienst, die Laubsägearbeiten: der Beginn des Lesens und Schreibens, wie ich ihn im vorangegangenen Abschnitt zu skizzieren versucht habe.

Woran ich mich heute erinnere: Dass das Schreiben am Anfang vor allem ein Schreibenwollen war, ein euphorischer Wille zum Gedicht, Wille zum Ausdruck, zur Mitteilung und dabei ein einziger Kampf. Woher nur diese Euphorie? Eine Ahnung vielleicht, von den Möglichkeiten der Literatur und was sie für mich, für mein Leben bedeuten konnte, das einzig lebbare Leben vielleicht? – Ich weiß es nicht, ich glaube nicht, dass ich so dachte, aber es muss eine Ahnung gegeben haben, die mich alle verfügbaren Energien mobilisieren ließ.

Ich habe lange überlegt, ob ich es wagen kann, einen dieser frühen Texte vorzulegen, vielleicht aus Gründen der Illustration oder unter dem Vorwand der Dokumentation; in ein Buch aufgenommen wurden diese Gedichte nie, und sie werden sofort verstehen, weshalb. Hier ein Auszug:

> [...]
> LEUCHTE DU VERRÜCKTER DIAMANT LEUCHTE
> die Zeiger der Uhren drehen sich nicht
> schneller nicht langsamer doch für dich wäre Zeit
> dein Blau zu suchen das leuchtet tief blau
> LEUCHTE DU VERRÜCKTER DIAMANT LEUCHTE
> fahr an das Meer wo Eis zerkracht
> wie Stahl dort oder unter Eisenbahnbrücken
> sing mit voller Lunge und weit hinaus
> LEUCHTE DU VERRÜCKTER DIAMANT LEUCHTE
> schlag alle Angebote aus das Angebot
> bist du mit straffem Gang und braunen Augen
> hat noch jeder gewusst was er soll
> [...]

LEUCHTE DU VERRÜCKTER DIAMANT LEUCHTE
mach deinen Weg du kannst es nur weiter so
schaffen schon mit siebenunddreißig der erste
zu sein auf der abgewandten Seite des Mondes

Soweit also das frühe, sagen wir: sehr frühe Gedicht – und bitte verzeihen Sie noch einmal, es kommt mir hier, wie gesagt, nicht auf die Qualität oder fehlende Qualität dieses mit einem nahezu verzweifelten Selbstbewusstsein randvollen Textes an (den ich damals, mit 24, für absolut gelungen hielt), sondern auf das, was mit ihm und mit mir beim Schreiben plötzlich geschehen war: Eine Sprengung der Kapsel, ein Abschütteln selbstauferlegter Verbote, das hieß: Lösung des Schreibkrampfes – der Preis dafür: das Einströmen von Pathos ohne Ende, Aufrufe und Ausrufe: „Leuchte weiter, du verrückter Diamant". Eine Pathosformel, mit der es mir gelang, noch einmal anzuknüpfen an das Pink-Floyd-Gefühl des Vierzehnjährigen mit allem existentiellen Ernst, dem überschießenden Ernst und Gefühl der jungen Jahre. Dieses Anknüpfen geschieht so unmittelbar, bis in den Wortlaut der Texte von Roger Waters hinein, als hätte es die acht Jahren dazwischen nicht gegeben. Dabei war es nicht nur der erneute Einbruch von pubertärem Pathos, vor allem war es seine Indienstnahme, auf die es ankam – er funktionierte jetzt als eine Art Überwältigungsmittel meiner Selbst und meines verkappten Dichterdaseins, als Grenzüberschreiter, Doping, Brandbeschleuniger – hinein in eine Form der Selbst-Aussprache. Es war der Anfang des Wegs zu einem eigenen Ton, auf der Basis eigener Themen. In diesem Sinne komme ich zur vierten Anlegestelle:

Der Herbst des Einsamen. Georg Trakl
Zunächst die erste Strophe aus dem Gedicht *Der Herbst des Einsamen*:

> Der dunkle Herbst kehrt ein voll Frucht und Fülle,
> Vergilbter Glanz von schönen Sommertagen.
> Ein reines Blau tritt aus verfallener Hülle;
> Der Flug der Vögel tönt von alten Sagen.
> Gekeltert ist der Wein, die milde Stille
> Erfüllt von leiser Antwort dunkler Fragen.[17]

Das erste Gedicht, das ich von Georg Trakl las, war *Der Herbst des Einsamen*, das zweite *Grodek*. Die Texte, mit Schreibmaschine abgeschrieben, besitze ich noch immer, lose Blätter in einem Schnellhefter zur ‚Lyrik der Neoromantik und des Expressionismus'. Den Hefter hatte ich zu Beginn meines Studiums angelegt, Mitte der achtziger Jahre. Vorn die Mitschriften und Exzerpte zur Vorbereitung des Seminars, hinten, auf dem Hefterdeckel, ein paar eigene Schreibversuche, spontane Kritzeleien, nur einzelne Wendungen und Worte.

Die Begegnung mit Georg Trakls Gedichten war als Ereignis so groß und umfassend, dass ich es zunächst kaum wahrnehmen oder verstehen konnte. Zwei Nächte lang schlief ich kaum, um alles über den Heeresapotheker, Morphinisten und Opiumesser aus Salzburg zu lesen, was in unserer Institutsbibliothek vorrätig war. Dabei hätte ich nicht sagen können, woher die unmittelbare Wirkung dieser Gedichte auf mich eigentlich rührte und was sie zu bedeuten hatte: „Unter Dornenbogen / O mein Bruder klimmen wir blinde Zeiger gen Mitternacht."[18] Ja. – Aber wie Ja? Ich hatte, wie gesagt, kaum Lektüre-Erfahrung, ich war nicht gebildet oder ‚vorgebildet', ich kam vom Bau und hatte, wie eben beschrieben, erst während meiner Armeezeit, begonnen zu lesen, ein gutes Jahr zuvor. Trakl schlug mich vollständig in Bann.

Von meinen Nachtschichten mit Lektüre und Exzerpieren war ich schließlich derart übermüdet, dass ich im Seminar, auf das ich mich doch so sorgfältig vorbereitet hatte wie auf kein anderes bisher, keinen einzigen Satz herausbrachte. In einer Art Dämmerzustand oder Halbschlaf lernte ich, wie ein Versmaß namens Endecasillabo funktioniert – ein fünfhebiger Jambus zieht sich durch mit Auftakt und klingender Kadenz, bis ein gedachtes Metrum und der Rhythmus des Ganzen harmonieren. Elf Silben, die Hauptbetonung immer auf der zehnten. Ergebnis ist der Eindruck von Feierlichkeit: „Der dunkle Herbst kehrt ein voll Frucht und Fülle", so hebt der *Herbst des Einsamen* an. Ich lernte etwas über Vokalistik (das A bei Trakl als ein Laut bittender Erhabenheit), über Assonanzen und den Klang des Ganzen – wie das Musikalische die Sinneinheit des Gedichts übernimmt und es dabei zu Korrespondenzen vordringt, die weiterschwingen in der Tiefe unseres Selbst, unsagbar wesentlich.

Vielleicht hatte mein Schweigen im Seminar auch damit zu tun, dass ich irritiert war vom Schwung der Deutungen, dem Pathos der Hermeneutik alter Schule, und erst später begriff ich, was Trakls Gedichte und diese allererste Zeit mit seinen Versen für mich eigentlich bedeuteten, den Beginn eines neuen, eigenen Lebens. Eine Verwandlung, eine Zäsur. Erst jetzt, mit Trakls *Herbst des Einsamen* im Ohr, konnte ich mein bisheriges Dasein auf Baustellen und in Maurer- und Zimmermannsbrigaden endgültig hinter mir lassen – so dachte ich damals. Was genau genommen ja niemals geschieht, denn alles, was war, bleibt für immer ein Teil des eigenen Lebens, und auch das Bauwesen geht ins Schreibwesen ein, wenn nicht als Thema oder Stoff, so doch als eine Einstellung im Umgang mit der Sprache, und auch sonst war es damals noch lange nicht vorbei. Als die Mauer fiel, kam der Maurer wieder ins Spiel: „Du hast ja noch dein ganzes Werkzeug, Junge", sagte meine Mutter, als wir am 10. November, einen Tag nach der Grenzöffnung, miteinander telefonierten – ein Dasein als Maurer schien ihr unter allen Umständen geeignet, eine Existenz zu sichern, geeigneter jedenfalls als die Literatur oder gar das Selberschreiben.

Was also war dieses Neue, das von Trakls *Herbst des Einsamen* ausging? Kurz gesagt: Es war das Erlebnis des Gedichts, eine Art Epiphanie – etwas wird in Worten hörbar, das sich nicht in Worte fassen lässt. Und nicht nur etwas, sondern viel mehr, das Eigentliche, Wesentliche, so jedenfalls empfand ich es damals. Dazu das Gefühl, den Eingang in eine neue Freiheit gefunden zu haben, die Verheißung einer eigenen, phantastischen Welt jenseits der öden, reglementierten, die uns umgab. Wie seltsam dabei, dass es gerade die Gedichte Georg Trakls waren, die dieses Gefühl einer Öffnung bewirkten, Gedichte, in denen doch eher die Bilder von Abschließung und Abwendung überwiegen, eine Abkapselung vom äußeren Leben, die mir wie eine Unabhängigkeitserklärung vorkam: „In blauem Kristall / Wohnt der bleiche Mensch, die Wang' an seine Sterne gelehnt".[19] Ja, sicher, er ist allein und bleich, aber ganz für sich, und er hat seine eigenen Sterne, für euch unerreichbar, dachte ich, aber für ihn so nah und vertraut, dass er jederzeit seine Wange daran legen kann. So ungefähr. Das Wort vom Wohnen begegnet einem öfter bei Trakl, die Wohnorte der Seele sind ein großes Thema in seinem Werk – Franz Fühmann hat in seinem großen, unübertroffenen Essay *Vor Feuerschlünden. Erfahrung mit Georg Trakls Gedicht* darauf hingewiesen. Die Sehnsucht nach einer Behausung des Eigenen, Geistigen war etwas, das auch uns umtrieb, damals im Seminar. Die Literatur konnte das sein, daran hatte ich fortan keinen Zweifel mehr, und genau das war der Beginn jenes neuen Lebensgefühls.

Voraussetzung für dieses Denken waren ohne Zweifel die Umstände der Zeit Mitte der achtziger Jahre. Auch die Verweigerung von Gefolgschaft wird eine Rolle gespielt haben – die Dichter der sogenannten mittleren Generation (unserer Väter, wenn man so will) dominierten die Literatur der Gegenwart mit ihren an Brecht und der Aufklärung geschulten Poetologien. Und mindestens ebenso wichtig scheint mir heute jene vorhin bereits erwähnte überbordende Emotionalität der jungen Jahre, als ein Gedicht als die kostbarste Sache der Welt angesehen werden konnte und ebenso behandelt wurde. Heute kann man das belächeln, diese manchmal unerträgliche Ernsthaftigkeit und jenen Überschuss an Glauben und Gefühl, ohne den jedoch kein tragfähiger Anfang zustande kommt und der auch in späteren Zeiten fortwirkt als eine Art Glutkern im Umgang mit Literatur, trotz gewachsener Skepsis und nachlassender Neugier.

> Am Abend tönen die herbstlichen Wälder
> Von tödlichen Waffen, die goldenen Ebenen
> Und blauen Seen, darüber die Sonne
> Düstrer hinrollt; [...][20]

Das zweite Trakl-Gedicht, das wir im Seminar besprachen, war *Grodek*, das letzte Gedicht Georg Trakls. Es hatte mich damals nicht im gleichen Maße berührt wie *Der Herbst des Einsamen*, ich wusste auch kaum etwas darüber, meine Exzerpte gaben dazu nichts her. Ich wusste auch nicht, dass Grodek in Galizien liegt, bei Lemberg, und ich hatte keine Ahnung von den Hintergründen des Gedichts, das mir heute als eines der stärksten erscheint. Nach der Schlacht bei Grodek war Trakl zwei Tage mit neunzig Schwerverwundeten in einer Scheune eingeschlossen, ohne Arzt und ohne Medikamente. Mit Soldaten, die darum bettelten, erschossen zu werden und solchen, denen das noch selbst gelang. „Sterbende Krieger, die wilde Klage / Ihrer zerbrochenen Münder"[21] – so heißt es im Vers. Trakl war ihr Sanitäter, er war verantwortlich. Die Wände der Scheune wären voller Blut und Gehirn gewesen, so heißt es in einem Augenzeugenbericht, auf den sich Ludwig von Ficker bezieht, Trakls Freund und Förderer. Als Trakl nach zwei Tagen das Notlazarett verlassen konnte, hingen die Bäume voller Leichen, eine Vergeltungsaktion der k.u.k. Armee, der Trakl angehörte. „Was kann ich tun, wie soll ich helfen?", soll er den Toten zugerufen haben.[22]

Im Oktober 1914 wurde Trakl zu ‚Beobachtung und Diät' nach Krakau gebracht. Er hatte versucht, sich umzubringen, und er hatte sich als Dichter bezeichnet, was den Ärzten des Garnisonshospitals die zuerst getroffene Diagnose (‚Geistesstörung') zu bestätigen schien. Wenige Tage vor seinem Tod bittet Trakl den Kurt Wolff Verlag telegraphisch um die Zusendung eines Exemplars von *Sebastian im Traum*, jener Sammlung, die auch das Gedicht *Der Herbst des Einsamen* enthält. Am 3. November stirbt der Dichter an einer Überdosis Kokain, das er heimlich immer bei sich trug. Sein neues Buch hat er nicht mehr gesehen.

Am 6. Februar 2008 hatte ich eine Lesung von Gedichten in Innsbruck, im Literaturhaus am Inn, in dem auch das Archiv des *Brenners* untergebracht ist, jener Zeitschrift, in der Trakl die allermeisten seiner Texte publiziert hat. ‚Hier liegt Trakl' – plötzlich hatte ich diesen Gedanke, mitten in meiner Lesung – warum nicht schon eher, fragte ich mich später, auf dem Heimweg, als ich den Augenblick ins Notizbuch schrieb – es war, als hätte erst das Lesen der Gedichte ein Licht eingeschaltet in meinem Kopf. Und tatsächlich: Genau in meinem Rücken, hinter der Bühne, backstage sozusagen, lag der Eingang ins *Brenner*-Archiv. Nach der Lesung fragte ich danach, und es stellte sich heraus, dass der Leiter des Archivs im Publikum gewesen war. Zwei Minuten später hielt ich das Kästchen mit Trakls letztem Brief (dem sogenannten Testamentsbrief) in den Händen.

Oben lag der Brief mit dem Vermächtnis („dass meine liebe Schwester Grete, alles was ich an Geld und sonstigen Gegenständen besitze, zu eigen haben soll"[23]), darunter die letzten beiden Gedichte, *Klage* und *Grodek*. Vor seinem Tod hatte Trakl den Brief mit den Gedichten nach Innsbruck geschickt – zur Veröffentlichung im *Brenner*.

Grodek: das leicht fleckige graue Papier und die Bleistiftschrift – ein paar Sekunden hielt ich das Blatt in den Händen. Keine andere Dichtung hat mich schlaflos gemacht. Gut zwanzig Jahre nach unserem Seminar mit Lektürenächten und Exzerpten stand ich dort in Innsbruck, in der obersten Etage eines Hochhauses mit Blick auf den Inn, gelehnt an einen Archivschrank aus Stahl und starrte auf das Blatt mit dem Gedicht. Es war, als hätte ich eine ziemlich lange Reise gemacht und wäre plötzlich angekommen.

Das erste Gedicht mit dem Titel *Klage* war klar und akkurat in der Handschrift – um Fehlern im Druck vorzubeugen, erklärte der Archivar. *Grodek* jedoch, das zweite Gedicht, war nur bis zur fünften Zeile gut lesbar. Mit dem Vers von den sterbenden Kriegern und „der Klage ihrer zerbrochenen Münder" endete das Bemühen des Dichters um eine gute Druckvorlage – als wäre es ihm plötzlich nicht mehr darauf angekommen. Trakl hatte aufgegeben, mitten im Gedicht. „Wahrscheinlich hat er es schon geahnt, ein paar Tage später war er tot", sagte der Archivar, nahm mir das Blatt aus den Händen und verwahrte es im Kästchen. „Oben etwas Staub auf dem Stahlschrank, klimatisierter Raum, zehnte Etage" – auch das steht in meinem Notizbuch über diesen Tag in Innsbruck. Nicht nur der Glutkern der frühen Jahre (die Bereitschaft abzuknien vor einem guten Gedicht) ist entscheidend für das Schreiben, auch die manische Sucht nach dem Detail, wie abwegig und belanglos es auch immer erscheint – nur etwas Staub auf einem Stahlschrank, in dem *Grodek* liegt.

Von Georg Trakl mit kurzer Fahrt zu meiner fünften und vorletzten Station auf dem Zeitstrahl der Leseerlebnisse:

Stefan George. Das dunkle Blau
Ich war 24 Jahre alt, als 1987 die Gedichte Stefan Georges in der DDR erschienen, in einem der braunen, unscheinbaren Taschenbücher der Reclam-Universalbibliothek zum Preis von 1,50 Mark. Wenn ich heute etwas nachlesen möchte, benutze ich, trotz des schlechten, abstoßenden Papiers (bei Berührung ein Löschblattgefühl an den Fingern und seltsamerweise auch auf der Zunge) noch immer diese kleine DDR-Ausgabe. Sie enthält alle Texte, die mir wichtig sind. Ähnliche Ausgaben existierten damals bereits zu Rilke und Georg Heym. Rilke, Heym, George, die drei schmalen, abgegriffenen Paperbacks stehen bis heute nebeneinander im Regal. Über alle Umzüge und gegen die sich von Ort zu Ort neu aufdrängende Ordnungsmacht des Alphabets haben sie es geschafft, beieinander zu bleiben. Sie halten sich die Treue, und fast möchte ich sagen: Das Ereignis meines damaligen Lesens hat sie zusammengeschweißt, die Erinnerung an eine Zeit, in der ein Gedicht, wie gesagt, und hier wiederhole ich mich, als die kostbarste Sache der Welt angesehen und ebenso behandelt wurde.

Lesen wir das kleine Gedicht *Sieh mein kind ich gehe* von Stefan George:

Sieh mein kind ich gehe.
Denn du darfst nicht kennen
Nicht einmal durch nennen
Menschen müh und wehe.

Mir ist um dich bange.
Sieh mein kind ich gehe
Dass auf deiner wange
Nicht der duft verwehe.

Würde dich belehren •
Müsste dich versehren
Und das macht mir wehe.
Sieh mein kind ich gehe.[24]

„Sieh mein kind ich gehe." Was ich sehe, sind meine Anstreichungen, Randbemerkungen, die Reihen aus Kreuzen und Schrägstrichen über den Versen, dünn mit Bleistift eingezeichnet. Das Nachwort von Horst Nalewski – in meinem Hefter zur Literaturgeschichte fand ich ein mehrseitiges Exzerpt dieses Essays, mit blauer Tinte geschrieben, in sehr ordentlicher, gut lesbarer Schrift, offensichtlich ging es um etwas. Auf dem Randstreifen für die Notizen (vorbildlich angelegt) ein paar wichtigtuerische Bemerkungen wie „Vgl. Schopenhauer – der Weltwille nur in der Kunst zu erschauen" oder „Das ist das Problem des Marxismus. Vgl. P. Weiss" und schließlich, ganz zum Schluss, als sei das die Quintessenz meines Lesens gewesen: „Die heutige Situation in der neueren Lyrik-Landschaft bietet Analoges zur Situation Georges vor der Jahrhundertwende – vgl. Blatt im Ideen-Sammler". Leider – oder zum Glück – existiert dieser ‚Ideen-Sammler' nicht mehr. Nachdem ich unseren Geräteschuppen, in dem auch die alten Hefter, Ordner und aussortierte Bücher aufbewahrt werden, gründlich auf den Kopf gestellt hatte, musste ich das einsehen.

In etwa war es so und dabei sehr einfach: Für mich und einige Freunde, die in den achtziger Jahren begonnen hatten, Gedichte zu schreiben, verkörperte George die befreiende Distanz, den notwendigen Abstand. Er war der Gewährsmann für unsere, aus heutiger Sicht vielleicht eher traurig zu nennende Abgewandtheit. Mit Gevatter George, wie ihn Jörg Schieke, einer der damaligen Freunde, kürzlich nannte, vollzogen wir die Abkehr von der Ödnis unserer Gegenwart, den Zumutungen unseres Alltags, und nicht zuletzt verweigerten wir den Dichtern der sogenannten mittleren Generation und ihren, wie gesagt, an Brecht und der Aufklärung geschulten Poetologien die Gefolgschaft. „Wir wollten keine eindeutig doppeldeutigen Stellen", schreibt Jörg Schieke,

> denn die liefen wieder hinaus auf: Ursachen, Zusammenhänge Gründe, Schlussfolgerungen […] Das war seinerzeit kein Programm, keine Poetologie, aber es war doch schon eine Ahnung. Diese Ahnung suchte sich Vokabeln. Andere sonderte sie konsequent aus. Dabei ist es geblieben.[25]

In der Literatur gab es Autoren, bei denen schon ihr Name einen Geheimniszustand auszudrücken schien: Novalis, Trakl, George. Unsere Gegenwart in Halle an der Saale Mitte der achtziger Jahre kannte keinen Geheimniszustand. Eine Aufnahme ihrer Dinge und Worte ins Gedicht löschte zwangsläufig das Geheimnis aus, verdarb den Klang, beschmutzte die Vokale, machte die Konsonanten lächerlich … Ich glaube, so oder so ähnlich empfand ich damals, hatte es aber nie formuliert; andernfalls wäre mir die Oberflächlichkeit meiner Überlegungen vielleicht aufgegangen.

Wolfgang Hilbigs essayistische Prosa *Über den Tonfall* (1977) war mir damals noch nicht bekannt, der Text hätte uns gut getan. Hilbigs Kritik der Gegenwartslyrik fordert die Durchdringung der sogenannten Realität (für ihn das Scheinhafte, die Oberfläche) – hin zu einem Wesentlichen, Substantiellen, Historischen:

> Richtig, diese Lyrik wird von der sichtbaren Realität erweckt und sie stirbt in dieselbe zurück. Damit ist die Lyrik eine zweitrangige, wenn nicht gar drittrangige Sache.[26]

Oder:

> Die Spürhunde der Realität haben die Sprache ausgerauft, der Tonfall der Realität ist der ätzende Agens, in dem die Stimmen der Lyrik ersticken.[27]

Die George-Bestände der hallischen Universitäts- und Landesbibliothek blieben unerreichbar. Zwar verzeichnete der Katalog einige Abhandlungen der sechziger und siebziger Jahre, doch beständig kamen die Leihscheine mit dem schmalen lila Stempel „verliehen" zurück. Auch diese Leihscheine besitze ich noch, gelocht und abgeheftet, wie zum Beweis. Irgendwann blätterte ich im Katalog der viel kleineren Stadt- und Bezirksbibliothek am Hallmarkt und machte eine sensationelle Entdeckung: Die Gesamtausgabe der Werke, ihre endgültige Fassung, 18 Bände in 15 Bänden, Bondi, Berlin 1928 bis 1934. Nach und nach entlieh ich die gesamte Ausgabe, nie mehr als drei Bände, um nicht auffällig zu werden. Irgendwann stand der gesammelte Bondi auf meiner Kommode und verzauberte mit seinem dunklen Blau das Hinterhofzimmer, das ich als Student bewohnte. Vor der Kommode waren zwei verschlissene Sessel platziert, die einzigen brauchbaren Sitzgelegenheiten, mit Bettlaken bedeckt, um die Flecken zu kaschieren. Dort saß ich und las oder blätterte nur oder starrte auf das dunkle Blau der Leinenbände mit der Goldprägung, die Vignette, die Melchior Lechter für George entworfen hatte, als Erkennungszeichen, und immer wieder fiel mein Blick auf das unbegreiflich kleine ‚o' in Bondi.

Dass die Bände sich im Bestand der Hallmarktbibliothek gehalten, die Zerstörungen, Säuberungen und Neuordnungen überstanden hatten und von diversen Benutzungsbeschränkungen unbehelligt geblieben waren, musste als mittleres Wunder angesehen werden. Und nicht weniger erstaunlich war, dass sie entliehen wurden. Die Bibliothekarin in der Buchausgabe – meist trug sie einen weißen Pullover mit einer Silberkette darüber, auf die sich mein Blick richtete, wenn sie die Kartei der vorbestellten Bücher aus der Kastenwand hinter ihrer Barriere zog; eine Form der gezielten Beschwörung. Ein magischer Punkt war auch der Verschluss ihres BHs, der sich stark abhob, wie ein unter der Wolle verborgener Schalter. Sie hatte eine besondere Technik: In einem rasanten, undurchschaubaren Zusammenspiel von Daumen und Zeigefinger und mit Hilfe ihrer auffallend langen und, wie mir schien, für diesen besonderen Zweck zugeschnittenen Fingernägel ließ sie die Karten mit den Vorbestellungen Revue passieren, wobei sie offensichtlich übersah (oder es ihr gar nichts ausmachte), dass es sich um ein komplette Werkausgabe handelte, die zur Verlängerung anstand, Erstausgaben, Bände von Bütten und Gold, inklusive Portraits, Faksimile, Handschriftenproben … „Nein, hier ist nichts!", hieß das erlösende Wort und umstandslos verlängerte sie mir meinen dunkelblauen Altar – und das Monat für Monat. Am Ende über insgesamt ganze drei Jahre, bis zum Mauerfall.

„Sieh mein kind ich gehe." Glücklich und mit diesen Worten im Kopf und einem frischen Friststempel auf der knittrigen Pappe meines Ausweises verließ ich die Bibliothek in der Salzgrafenstraße, und vielleicht erklangen gerade die Glocken des Roten Turms auf dem Markt mit seiner Imitation des Westminster-Abbey-Glockenspiels, das mich euphorisch stimmte, wann immer es mir zu Ohren kam. Auch-dorthin-dorthin-kommst-du-noch, schien es zu läuten. Dabei deutete nichts auf London oder Westminster Abbey oder irgendeinen der anderen für unerreichbar geltenden Orten …

„Sieh mein kind ich gehe." Mit diesem schlichten Vers im Ohr federte ich durch die Stadt, als könnte ich sie trotzdem verlassen, auf noble Weise zurücktreten aus ihrer Realität, ihrer Gegenwart (die mich doch gefangen nahm, deren Ansprüchen ich gerecht werden musste und deren Teil ich unweigerlich war) in ein eigenes Gebiet, ein Reservat aus Sprache und Poesie. Damit allerdings hat das Gedicht im Grunde gar nichts zu tun. Der Vers, gelöst aus seinem ursprünglichen Zusammenhang, hatte sich in meinem Kopf zu einer Art Unabhängigkeitserklärung verselbständigt, die man vor sich hin summen konnte beim Gehen oder wann immer einem danach war. Mir genügte schon die Melodie und die stolze Geste dazu, die mich heute eher befremdet in ihrer selbstzufriedenen Überlegenheit:

> Würde dich belehren
> Müsste dich versehren
> Und das macht mir wehe.
> Sieh mein kind ich gehe.

Am Ende mutet es doch seltsam an, dass über all die Zeit niemand sonst in der Stadt nach Stefan George verlangte – sicher, niemand vermutete ihn in der Stadtbibliothek, das muss eingeräumt werden. Umso richtiger fand ich, dass die Bücher bei mir, auf meiner Kommode eine Art Exil gefunden hatten. ‚Hallenser, Halloren, Halunken' – so geht das Sprichwort. Am Abend sah ich die hunderttausend Hallenser mit ihren Hallorenkugeln und ohne George zu Hause sitzen, während ich, der heimliche Halunke, in meinem Sessel vor der Kommode über das dunkle Blau streichen konnte, so oft ich nur wollte.

Schluss und letzte Anlegestelle: Potsdamer Platz 1990
Als ich am 21. Juli 1990 auf dem Mauerstreifen zwischen Brandenburger Tor und Potsdamer Platz stand, wo Pink Floyd *The Wall* oder genauer gesagt Roger Waters seine gigantomanische Inszenierung von *The Wall* zelebrierte, mit Hubschraubern, Lasern und jener legendären, erst anwachsenden, dann einstürzenden Mauer, 180 Meter lang und 18 Meter hoch, das größte Requisit, das je in einem Rockkonzert eingesetzt wurde, lag das alles hinter mir – die lange Reise der jungen Jahre, die Jahre des Auswendiglernens mit John Maynard, die Jahre des Abschreibens und Einschreibens im Bannstrahl eines betörenden *Wish you were here*, die Jahre der Laubsäge und des eigenen Schreibbeginns und die Jahre der ersten entscheidenden Lese-Erlebnisse mit Georg Trakl und Stefan George.

Pink Floyd auf dem Potsdamer Platz zog mich nicht in seinen Bann, trotz der 7 Megawatt-Beschallungsanlage, der größten, die je gebaut worden war für ein Rockkonzert. Die Musik klang einfach vollkommen anders als auf meiner Doppel-LP, die ich noch während meiner Armeezeit von einem Soldaten aus dem letzten Diensthalbjahr für die stolze Summe von 200 Ostmark erworben hatte. Es waren nicht die Stimmen von Pink Floyd, die die Songs zelebrierten, dafür Bryan Adams, Van Morrison, die Scorpions und viele andere, und ich verstand nicht, warum es so sein musste. Ich war zu lange weg gewesen, in einer anderen Welt. Das Auseinanderdriften der Band, die Nachricht vom endgültigen Bruch zwischen dem Gitarristen David Gilmour und dem Bandleader und Textautor der letzten Platten Roger Waters hatte mich nicht erreicht. Kurz: Ich war enttäuscht.

Auf dem Potsdamer Platz, dieser riesigen Nachkriegsbrache aus Dreck und Bunkerresten standen 200000 Fans, von Stahlgittern eingezäunt und wirbelten mit ihren Füßen, die sich im Rhythmus der Musik bewegten, eine gigantische Staubwolke auf. Natürlich hatte ich jeden Text im Kopf und sang oder brüllte die Lieder und atmete den Staub des Mauerstreifens ein – nein, ich wollte nicht enttäuscht sein, ich wollte das alte Pink-Floyd-Gefühl. Wir standen auf Höhe der ersten Reihe von Lichtmasten, vielleicht hundert Meter von der Bühne entfernt. An die Show erinnere ich mich kaum. Bei einem bestimmten Song hielten wir uns alle eine Maske vors Gesicht, die am Eingang ausgegeben worden war – wir wurden Teil der Inszenierung. Roger Waters spielte *Empty spaces* und 200 000 Leute maskierten sich mit einer Art Zombiemaske und hörten zu, 200 000 maskierte Menschen, 200 000 Zombies, wenn man so will, auferstanden aus der Erde des Mauerstreifens, ein unglaublicher Anblick.

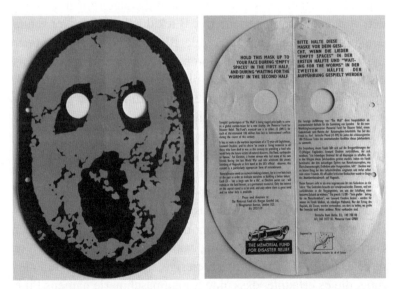

Maske für Besucher des Konzerts „The Wall" am 21. Juli 1990 in Berlin (Archiv: Lutz Seiler)

Trotzdem ist es nicht das, woran ich mich vor allem erinnere, wenn ich heute daran denke. Vielmehr ist es der Moment hinter der Maske, der einen plötzlich mit sich allein sein ließ und auf gewisse Weise herauslöste aus dem, was ringsum geschah. Vielleicht war es tatsächlich dieses Versteck (allein mit allen hinter der Maske), das jenen Moment von Abwesenheit ermöglichte, mit dem mein Blick auf die hässlichen, hellen, für diesen Moment viel zu realen DDR-Plattenbauten fiel, am Rande des Konzertfelds, östlich der Grenze zwischen West- und Ostberlin. Durch die Sichtlöcher meiner Zombie-Maske schaute ich wie aus einem Traum hinaus auf die störende, abstoßende Realität dieser Neubauten. Wie konnten sie überhaupt noch da sein? Warum hatte Roger Waters diese unansehnlichen, unakzeptablen, siebenstöckigen Waschbetonfassaden nicht verkleidet, verwandelt, abgerissen? Der Blick durch die Maske: Heute denke ich, es war der erste freie Blick aus dem traum- oder rauschhaften Zustand dieses Sommers 1990 hinaus auf das, was eben auch noch existierte und bleiben würde. Ein Augenblick der Verwunderung, der mir die Umwälzungen der zurückliegenden Monate bewusst machte. Bryan Adams und Roger Waters stimmten *Empty Spaces* an und ja, ich stand mitten in einem gigantischen Konzert und schaute von dort, durch die Sichtlöcher der Maske, hinüber in mein altes Leben, auf diese Neubauten, Zweieinhalbzimmer-Wohnungen mit winzigem Bad und winziger Küche – Heimstatt meiner kleinbürgerlichen Herkunft. Irgendwo da mussten meine Eltern stehen, hinter der Gardine und alles beobachten, was draußen, unmittelbar vor ihrer Haustür geschah, diese riesige, unglaubliche Veränderung, die es erlaubte, dass eine Soundmaschinerie namens Pink Floyd sich in die Balkone ihrer Häuser ergoss und alles zu überspülen drohte … Aus diesem Jenseits hinter meiner Maske, mitten aus dem Gewoge dieses neuen, gerade angebrochenen Zeitalters heraus, sah ich hinüber auf die Neubaublöcke meiner Kindheit: Nein, sie waren nicht bedroht, sie standen da in ihrer Eigenheit, sie würden nie verschwinden, sie waren unverrückbar in ihrer Zeit. Aber die Kindheit war vorbei und die jungen Jahre waren zu Ende, und plötzlich hatte ich eine Vergangenheit.

Anmerkungen

[1] Theodor Fontane: John Maynard. In: Deutsche Balladen. Von Bürger bis Brecht, hg. v. Karl Heinz Berger und Walter Püschel. Berlin 1956, S. 264 ff.

[2] Elias Canetti: Das Geheimherz der Uhr. Aufzeichnungen 1973–1985. München 1987.

[3] Fontane: John Maynard, S. 265.

[4] Vgl. Friedrich Kittler: Aufschreibesysteme 1800/1900. München 1985, S. 33–58.

[5] Ebd., S. 65.

[6] Lutz Seiler: im felderlatein. Frankfurt am Main 2010, S. 95.

[7] Peter Huchel: Der Rückzug. In: Ders. Gesammelte Werke. Bd. 1, Die Gedichte. Frankfurt am Main 1984, S. 100.

[8] Ebd., S. 94.

[9] Jakob Böhme: Vom dreifachen Leben des Menschen. Von der Geburt und der Bezeichnung aller Weisen. Von der Gnadenwahl. In: Ders. Sämtliche Werke, hg. v. K.W. Schiebler, Bd. 4, Leipzig 1842, S. 275.

[10] Huchel: Havelnacht. In: Gesammelte Werke, Bd. 1. Die Gedichte, S. 88 f.

[11] Ebd.

[12] Pink Floyd: On the dark side of the moon. London 1973.

[13] Pink Floyd: Wish you were here. London 1975.

[14] Zitat aus einem handschriftlich transkribierten Rundfunkessay über „Wish you were here" von Pink Floyd. Quelle: Rundfunkmitschnitt der Sendung „Duett. Musik für den Rekorder", Sender: DT 64. Autor und Sendedatum waren nicht mehr ermittelbar.

[15] Ebd.

[16] Pink Floyd: The Wall. London 1979.

17 Georg Trakl: Der Herbst des Einsamen. Zit. nach: Franz Füh- mann: Vor Feuerschlünden. Erfahrung mit Georg Trakls Gedicht. Rostock 1984, S. 281.

18 Georg Trakl: Der Untergang. In: Der Brenner, III. Jahr, 15. März, H. 12, S. 475.

19 Trakl: Ruh und Schweigen. Zit. nach: Franz Fühmann: Vor Feu- erschlünden, S. 282.

20 Georg Trakl: Grodek. In: Brenner Jahrbuch. Innsbruck 1915, S. 14.

21 Ebd.

22 ‚Mr.' [wohl Medizinrat] Rawski-Convoy berichtet darüber 1954 in einem Gedenkblatt der Österreichischen Apothekerzeitung. Zit. nach: Hans Weichselbaum: Georg Trakl. Eine Biographie mit Bildern, Texten und Dokumenten. Salzburg 1994, S. 169.

23 Zitat aus dem ‚Testamentsbrief' Trakls. Zit. nach: Ebd., S. 177.

24 Stefan George: sieh mein kind ich gehe. In: Ders.: Gedichte, hg. v. Horst Nalewski. Leipzig 1987, S. 38.

25 Jörg Schiecke: Aus dem Zusammenhang. In: die horen. Zeit- schrift für Literatur, Kunst und Kritik. Zus.gestellt v. Jürgen Krätzer u. Kerstin Preiwuß, 57. Jg., Nr. 246. Göttingen 2012, S. 54.

26 Wolfgang Hilbig: Über den Tonfall. In: Ders.: Zwischen den Paradiesen. Prosa, Lyrik, hg. v. Thorsten Arend. Leipzig 1992, S. 11.

27 Ebd.

„*Die nassen Ränder seiner sowjetischen Hosenbeine*" – Eingangsbilder ins Erzählen vergangener Zeit

Lesen wir zunächst den Beginn meiner allerersten Erzählung, sie trägt den Titel *Der Kapuzenkuss*, eine Kindheitserinnerung, geschrieben im Sommer 2006:

> Im Alter von neun Jahren hatte ich die Folgen meines ersten größeren Unfalls bestens überwunden, bis auf ein paar ruckartige Bewegungen gelegentlich und das Gefühl, mehr zu sehen und zu hören von der Welt als vorher. Die Narben auf meinem Kopf waren verheilt und die Haare nachgewachsen, aber noch im Dezember begleitete mich meine Mutter zur Schule, vorsichtshalber, wie sie sagte. Ohne das Tempo, mit dem wir ausschritten, zu verlangsamen, führte sie mich über den Ziegelweg, der leicht anstieg, durch einen schmalen, kümmerlichen Vorgarten bis an die Treppe zur Tür. Dann eilte sie selbst die drei Stufen voraus, drückte ungeduldig die Klinke herunter, obwohl sie wusste, dass das sinnlos war, und beschwor mich schließlich, auszuharren auf meinem Platz und dort *so lange* zu warten. „Heute ist es sicher Frau Bakuski" oder „Heute morgen werdet ihr wohl Frau Janda haben" – irgendetwas veranlasste meine Mutter zu diesen nervösen Prognosen, Janda oder Bakuski. Dabei wusste sie so wenig wie ich, wer an diesem Freitag aus der Tiefe des Gebäudes auftauchen würde, um die beiden Flügel der Haupttür zu entriegeln, nein, noch weniger als ich konnte sie etwas ahnen von den Schichtfolgen und Dienstplänen der zahlreichen ‚Hortnerinnen', deren Aufgabe es war, uns vor und nach dem eigentlichen Unterricht, wenn

nötig bis in den Abend hinein und unter dem erneuten Hereinbrechen der Dunkelheit, zu beaufsichtigen. In jedem Fall waren wir die ersten am Schulhaus, meine elegante Mutter mit ihrem weißen Knautschlackledermantel und dem hohen Dutt, einem Haarteil, das sie um ein bis zwei Köpfe größer machte, und ich mit Anorak und Pudelmütze.

Meine Mutter umarmte mich. Obwohl ich doch wusste, was kam, hatte ich Mühe. Eine Weile stand ich fassungslos und lauschte (mit zurückgeschobener Mütze) dem Klopfgeräusch ihrer Absätze auf dem Pflaster, ein Geräusch, das ich auf meinen Narben spüren konnte, so klar und deutlich, als wäre mir dort infolge meines Unfalls ein zusätzliches Organ gewachsen … Unweigerlich wurde es leiser und leiser, plötzlich aber schien es nochmals näher zu kommen, was mich schon oft in falsche Hoffnungen gestürzt hatte. Am Ausgang der Straße änderten sich die Echoverhältnisse. Dort traf das Geräusch ihrer Schritte auf den ersten Wohnblock der Gebind, ein Neubaugebiet im Zentrum von L. mit sieben parallel angeordneten Blöcken und einigen anderen Blöcken, die sich im rechten Winkel zum Wald hin stuften, den Berg zur Charlottenburg hinauf, von der nicht mehr als ihr Name übriggeblieben war. So unklar sich der Schall bis dahin entwickelt haben konnte, abhängig von der Feuchte, der wechselnden Dichte der Luft, ihren kalten Strömungen, in denen sich auch die Reste des Nachtdunkels bewegten und mischten mit dem ersten Licht des Tages, so rigoros wurde jeder Laut an den hohen Mauern der Gebind aufgefangen und zurückgeworfen in die umliegenden Ortsteile. Die Schulstraße, auf der ich stand und, auf Zehenspitzen lauschend, den Schritten meiner Mutter nachhing, bildete einen dieser gepflasterten Kanäle, über die der Ort mit der Gebind und ihren Echos verbunden war.

An jedem Morgen nahm ich mir vor, meine Mutter nach der Uhrzeit zu fragen, vergaß es dann aber in letzter Sekunde, als hätte die Gravitation des riesigen Schulgebäudes meine Frage gelöscht. Nie wusste ich genau, *wie früh* wir eigentlich vor den Stufen zur Schultür anlangten und wieviel Zeit noch verblieb, bevor *der normale Tag* beginnen würde. Ein feiner Schnee begann zu fallen und machte die Stufen zur Schultür unberührbar.[1]

Der Unbestimmtheit oder Unbestimmbarkeit der Zeit, jener Empfindung des Jungen am Morgen vor der Schule, folgt das Bild vom feinen Schnee auf den Stufen. Beim Schreiben war es umgekehrt gewesen. Der feine Schnee, der die Stufen unberührbar macht, war mein Eingangsbild ins Erzählen gewesen, die entscheidende Erinnerung, zugleich mein Eintritt in die Prosa. Nach zwanzig Jahren mit Gedichten und weiteren zwei Jahren verschiedener gescheiterter Versuche, einen Zugang zur erzählenden Form zu finden, hatte ich *einen* guten Moment. Im Grunde war es ein Moment der Erschöpfung, der es mir erlaubte loszulassen, ein Moment, in dem ich in der Lage war, alle Vorstellungen von dem, was erzählenswert sei (und vielleicht von der Vergangenheit überhaupt), fallen zu lassen, um mit dem zu beginnen, was mir zuerst vor Augen stand, wenn ich an diese Zeit dachte, als ich ein Kind gewesen war. Es war der Schnee auf den Stufen – ein Bild wie ein Portal, mit einer Art ad hoc-Plausibilität, wie sie zum Beispiel dem Haiku, dieser lyrischen Gebärde, eigen ist – ein immer frischer Augenblick, der die Zeit auf der Stelle trifft und findet.

Das Ganze ist nicht leicht zu beschreiben: Das Bild öffnete eine Passage und machte zugleich einen Vorschlag zum Ton des Erzählens, es traf nicht nur jene Stimmung, in der die Details meines Schultags offensichtlich aufgehoben und lesbar waren, es traf auch den Ton, in dem das alles erzählt werden konnte. Die Entdeckung war, dass mein Schreiben auch in der Prosa visuellen oder akustischen Pfaden folgen konnte, ja, dass ich mich auch hier, wie ich es vom Gedicht her kannte, in musikalischen Zusammenhängen oder auf Bild-Plateaus bewegen durfte.

Ein halbes Jahrzehnt genügte, um diese Einsicht wieder zu verlieren. Vielleicht hatte ich sie für zu gering gehalten und irrelevant angesichts der großen Form, die ich nach den Erzählungen und einem weiteren Gedichtband in Angriff nehmen wollte. Anfang 2011 zogen wir für ein knappes Jahr um und wohnten in der Villa Massimo. Alles was ich wollte, war schreiben. Endlich schreiben, und endlich würde Zeit genug dafür sein, eine lange, ungestörte Zeit, ohne Pflichten, ohne Reisen. Schon am Abend unserer Ankunft setzte ich mich in mein zehn oder zwölf Meter hohes Atelier, diesen riesigen Hallraum mit Fensterfront und Licht ohne Ende, um ihn endlich zu beginnen: den Roman. Einen Roman in römischem Licht mit Ausblick auf traurige Pinien und Zypressen, dabei wäre mir die Leselampe auf dem Tisch genug gewesen, „meine Lampe und mein weißes Papier", wie es Gaston Bachelard so treffend beschreibt: „Der wahre Raum für eine einsame Arbeit ist in einem kleinen Zimmer der von der Lampe erhellte Kreis."[2] Meinen römischen Arbeitsraum hatte man einstmals für Bildhauer erdacht, Bildhauer vor hundert Jahren wohlgemerkt, die allesamt noch Reiterstandbilder machten, gigantische Statuen und Gruppen. Nach einer Woche schob ich mir in einer Ecke dieser Halle die wenigen Möbel, die vorhanden waren, zu einer Art Kabuff zusammen, am Ende saß ich hinter einem Schrank. Es war ein guter, halbhoher, zweiflügliger Schrank, den ich auch für mein Arbeitsmaterial benutzen konnte. Und ja, die ersten Monate saß ich im Grunde nur da, hinter dem Schrank, und versuchte von dort aus, Rom zu ignorieren. Hätte ich schon damals, zum Beispiel, die Deutschrömerin Marie Luise Kaschnitz gelesen, wäre ich gewarnt gewesen: „Man versucht, sich auf sich selbst zu besinnen, kramt das Mitgebrachte aus, mehr als ein halbes Leben der Erfahrungen und Erinnerungen und sieht mit Entsetzen, wie dieser Schatz unter den Händen zerrinnt."[3]

Mein eigenes Mitgebrachtes belief sich auf 14 Umzugskisten voller Bücher, Ordner, Kopien, Recherche- und Arbeitsmaterial, das ich im Vorjahr zusammengetragen hatte, auch Handlungsskizzen, Kapitelentwürfe, Figurendossiers und Dramaturgien, darunter drei ausformulierte Romananfänge, die dem Experimentieren mit verschiedenen Erzählperspektiven entsprungen waren. Wobei das Wort ‚experimentieren‘ eine Art Souveränität suggeriert, über die ich nicht wirklich verfügte. 14 Bücherkisten und einige Reisetaschen im Fußraum – so viel fasst ein Volvo V 50 mit umgeklapptem Rücksitz, mit dieser Last hatte ich das Auto über die Alpen Richtung Süden gelenkt – der Brenner, die Übernachtung in Bozen, dann weiter und irgendwann plötzlich eine Veränderung im Zustand des Lichts, als hätte jemand eine zusätzliche Leuchte eingeschaltet, stellenweise war es fast ein Gleißen. Es begann etwa am Abzweig der A 13 hinter Padua, aber ich hatte keine Augen dafür, keine Augen für den Süden, ich wollte den Roman, und ich wollte nicht scheitern; ich hatte eine Menge Wolle im Gepäck und einen Strickplan im Kopf, jedenfalls glaubte ich das.

Im Zuge der sogenannten ‚Shop talks‘ stellte ich meine drei Romananfänge vor. ‚Shop talks‘ nennt man in der ansonsten eher deutschsprachigen Villa Massimo eine erste Präsentation, eine Art Kennenlernrunde. ‚Shop talks‘ heißt, die Crew der Stipendiaten und die Crew der Villa Massimo einschließlich ihres Direktors, seiner Frau, der Mitarbeiter, Hausmeister und römischen Gärtner zieht einen Vormittag lang von Atelier zu Atelier und jeder Stipendiat spricht über sich und seine Arbeit, das Ganze etwa einen Monat nach Ankunft in Rom. Dass mir in diesem ersten Monat hinter dem Schrank eigentlich nichts gelungen war, musste jetzt beiseitegeschoben werden. Drei Romananfänge und 14 Kisten voller Material, dekorativ verstreut über mehrere Tische und den Boden meines Studios, verbreiteten ohne weiteres den Eindruck von Fülle, Werkstatt,

Kreativität, und nicht zuletzt schien der ‚Shop talk' geeignet, den ganz ohne Zweifel fleißigen und produktiven Mitstipendiaten zu zeigen, dass man selbst gut dabei war, ja, dass es lief wie nur irgendwas. Nebenbei auch ein Signal an den sympathischen, immer freundlichen Mitstipendiaten aus der Zunft der ‚Letteratura', den zweiten Schriftsteller in unserer Künstlergemeinde, ein Dichter, der täglich auf Entdeckungstour ging, hinaus in diese ‚total phantastische', ‚tolle', meist aber ‚ganz tolle', wahlweise ‚grandiose' und immer wieder ‚unglaubliche' Stadt namens Rom, die ich selbst noch nicht wirklich zu Gesicht bekommen hatte.

Schon wenig später lag alles in Trümmern. Der Roman verweigerte sich, und zwar grundsätzlich. Gleichzeitig die Termine der Villa, fürsorgliche Angebote, dazu die Ideen der Künstlerbetreuerin, Besichtigung von Caravaggio, Konzert im Villino, Exkursion nach Olevano, Kino im Haupthaus usw. – alles *ganz wunderbar*, nur nicht für den, der nicht schreibt. Der, der nicht schreibt, möchte keine Termine, keine Exkursionen und vor allem: keine Künstler sehen. Er möchte jetzt kein Künstlerheim … Schon am Morgen starrte ich mit müden Augen auf mein weißes Papier, Unruhe machte sich breit. Mal zog ich diesen, mal jenen Ordner aus dem Schrank und blätterte wild in meinen Notizen – gerade die Morgenstunden galt es zu nutzen, denn schon ab 10 Uhr begannen die beiden Gärtner der Villa ihre ohrenbetäubende Arbeit am Park. Besonders verhasst: die elektrischen Heckenscheren und ein traktorähnlicher Rasenmäher, den der kleinere, dickere Gärtner in einem endlosen Kreisverkehr über die Wiesen lenkte.

Was war geschehen? Ich hatte mir vorgenommen, einen Roman zu schreiben, meinen ersten Roman. Und ich hielt die Nachwendejahre in Berlin für einen überaus lohnenswerten Stoff, genauer gesagt, meine Erlebnisse in dieser Zeit. Bis 1993 hatte ich in Berlin gelebt und gearbeitet, als Maurer,

Briefträger und Doktorand der Germanistik, vor allem aber als Kellner und Küchenhilfe in einer Kneipe namens Assel in Berlin Mitte, Oranienburger Straße. In meiner römischen Schreibarbeit wollte ich nun einigermaßen systematisch vorgehen, strukturiert, der Größe des Vorhabens angemessen, nicht zuletzt, so dachte ich, würde es darum gehen, dem besonderen Anspruch gerecht zu werden, wie er mit der Gattung des Romans zweifellos verbunden ist. Dafür hatte ich mir eine Sammlung von Materialien angelegt, die nicht nur Briefe, Fotos, Notizen und Schreibversuche aus dieser Zeit umfasste, sondern auch Dokumente jeder Art wie Miet- und Untermietverträge, Betriebskostenabrechnungen, Anträge auf Wohngeld, Elektro- und Gasrechnungen, meinen ersten Vertrag mit der Telekom von 1990, Telefonnummer, Tarif und Farbe meines ersten Telefonapparats (er war anthrazit). Außerdem hatte ich Gespräche geführt mit Freunden aus dieser Zeit, Zeitzeugen gewissermaßen, ich stellte Fragen und schrieb mit, was kam. Zudem verteilte ich Arbeits- und Erinnerungsaufträge, zum Beispiel an meine Eltern. Meine Mutter musste sich an die Arbeit auf dem Bauernhof meines Großvaters und an ihre erste Schreibmaschine erinnern – Material für Rückblicke, so plante ich. Mein Vater erinnerte sich auftragsgemäß an seinen ersten Wagen, ein russisches Auto namens Shiguli, ein Vorläufer des LADA. Das machte ihm Spaß und es entstand ein 30-seitiges Dossier, das zu großen Teilen aus der dezidierten Beschreibung technischer Probleme und ihrer erfolgreichen Bewältigung bestand, alles nicht undramatisch. Außerdem befragte ich meine Eltern ausführlich zu ihrer Übersiedlung in den Westen, deren Geschichte ein Nebenstrang im Handlungsgeflecht des Romans werden sollte. Den Kern dieser Vorarbeiten allerdings bildete meine eigene Recherche zu Berlin und zur sogenannten Berlin-Literatur, die allein vier meiner 14 Bücherkisten füllte. Weitere Schwerpunkte meiner Recherche waren die Russenmafia und das ‚Diensthundewesen'. Für Recherchen zur Geschichte des Diensthundewesens, insbesondere zur Aufzucht und Ausbildung von Grenzhunden in der ehemaligen Grenzhundekaserne von Wilhelmshorst (deren verfallene Baracken nur ein paar hundert Meter von meiner heutigen Wohnung liegen), hatte ich einen Freiburger Studenten der Germanistik engagiert, der mir im dortigen Militärarchiv, einer Zweigstelle des Bundesarchivs, mehrere hundert Blatt kopierte. Sie ahnen es bereits: Die Mafia und die Geschichte des Grenzhunds vor und nach der Wende sollten eine wichtige Rolle spielen im Roman, so hatte ich es geplant. Und ja, es gab Pläne! Zeichnungen zum Aufbau des Textes, Handlungsabläufe, Inhaltsangaben zu einzelnen Kapiteln und vor allem: Es gab einen Zeitplan. Für diesen Arbeitsplan verwendete ich die Graphik eines Zeitstrahls, an dem ich jederzeit ablesen konnte, bis wann welches Kapitel geschrieben, überarbeitet und abgeschlossen werden würde. Diese kleine verhängnisvolle Bleistiftskizze klebte an der Innentür jenes Schranks, hinter dem ich saß und schrieb – hatte schreiben wollen, genauer gesagt.

Heute würde ich meine damalige Methode mit einer großen russischen Trägerrakete vergleichen, die drei Stufen benötigt zur Überwindung der Schwerkraft. Phase 1: Rekonstruktions- und Vergegenwärtigungsarbeit, Aufbereitung des Erlebnismaterials, eine Art Erinnerungsmaschinerie. Gerade die Dokumente versprachen die Möglichkeit einer Rekonstruktion, authentische Ausgangspunkte ohne Ende, dazu die Verheißungen des sogenannten Selbsterlebten. Phase 2: Literarische Umformung, Verfertigung und Verfeinerung. Phase 3: Zünden des literarischen Highlights mittels Phantasterei, spezieller Techniken, Stil und Spracharbeit. Und dann, völlig losgelöst … So dachte ich. Doch meine Mission blieb stecken im Kosmodrom Massimo. Es funktionierte nicht. Schon das Material (Phase 1) ließ sich nicht ernten. Dabei gab es zwei Tendenzen: Entweder es erschien mir vollkommen uninteressant und stark ermüdend (dabei Müdigkeitsanfälle bis zur Bewusstlosigkeit – eine plötzliche Lähmung, wie ich sie schon früher in der Schule und später in den Lesesälen bestimmter Archive erfahren hatte; alles, was ich las, war genauso grau und stumpf wie das Papier der Akten) – oder es hypnotisierte mich: 400 Blatt zum ‚Diensthundewesen‘. Darunter, zum Beispiel, die Ahnentafel eines deutschen Rottweilers namens Berry von der Schweizerhütte, der von Oberstleutnant Muschwitz, einem Veterinär der Nationalen Volksarmee, für die Ausbildung zum Grenzhund eingekauft worden war, für 300 Mark per Postbarscheck, gezahlt an einen Züchter in Neubrandenburg. Berrys Karriere konnte mich bodenlos tief hinabziehen in die fremde Welt des Vergangenen. Tagelang kreiselte ich im Sog der Geschichte eines Grenzhunds, ohne dass ich irgendetwas für mein Schreiben zu fassen bekam. Am Ende summten allein die adligen Namen aus dem Stammbaum Berrys in meinem Schädel: Tell von Vogelhaus, Frei von Peenestrom, Fred von Falkenbruch, Ondra von Hildakloster, Cilla von Teufelskreis usw., die Ahnen Berrys, verewigt im Zuchtbuch. Berrys Frühzeit in Neubrandenburg, auch seinen anspruchsvollen Bildungsweg durch die Grenzhundekaserne von Wilhelmshorst und von dort an die Berliner Mauer und nach dem Fall der Mauer weiter über trübe Kanäle in den Westen nach Mannheim (ehemalige Grenzhunde waren begehrt, die hätten noch Biss, besonders die Rottweiler, so hieß es in Züchterkreisen) – das alles verfolgte ich wie gebannt. Der Stoff war *interessant*, die Faszination des Faktischen wirkte, ergab aber keinen Sinn für mein Schreiben. Und so war es überhaupt mit dem herbeizitierten Material, den Dossiers, den Interviews, den Archivalien. Das Vergangenheitsmaterial absorbierte mich und bald war ich restlos erschöpft, erschöpft *von nichts*. Trotzdem zwang ich mich, ich plagte mich. Ich schrieb drei, vier Kapitel, aber alles blieb blass und klang gewollt. Stufe 2 zündete nicht und keine Rede von Stufe 3.

Rom, Roma – „mit der Nennung des Namens beginnt jede Beschwörung",[4] wäre bei Kaschnitz zu lesen. Und Rom, Roma, Roman – klang das etwa nicht nach einer beinah natürlichen Steigerung der Dinge? Stattdessen Krise. Herzrasen, Hitze, Schweißausbrüche und Schlaflosigkeit, Magenkrämpfe und zu hoher Blutdruck – was folgte, war die rasche Entfaltung des kompletten Spektrums meiner hypochondrischen Möglichkeiten, ähnlich übertrieben wie das Scheitern des Romans mit dem Einsturz des Colosseums zu vergleichen, der im Aberglaube der Römer den Untergang Roms und dieser wiederum das Ende der Zeiten bedeutet, den Untergang der Welt: Lächerlich – und nein, kein Vergleich, natürlich nicht. Aber ein Schriftsteller, der nicht schreibt, ist nichts wert, vor allem vor sich selber nichts. „Scheiß Rom, scheiß Villa Massimo".[5] – Hätte ich Kaschnitz gelesen, hätte ich auch diese Worte gelesen, mit denen sie den Zustand der Stipendiaten von damals beschreibt. Ich hätte erfahren, dass sie selbst einmal Stipendiatin gewesen war, römische Gedichte verfasst und Boccia gespielt hatte, „in Modergeruch und Schattenkühle",[6] so die Beschreibung der Villa in ihrem Buch namens *Orte*. Aber ich hatte weder geschrieben noch Boccia gespielt. Ich hatte nur lange hinter dem Schrank gesessen und nachts nicht geschlafen und die Stadt und ihre Geräusche gehasst, das Dröhnen des Verkehrs, die Sirenen der Krankenwagen des nahegelegenen Policlinico, die Alarmanlagen der Vespas, die offensichtlich jeder Windzug zum Aufheulen brachte, dafür aber den Rest der Nacht nicht mehr verstummten, die Müllabfuhr um vier Uhr morgens, wenn sie dröhnend die Villa umkreiste und unübertroffen der stürzende Donner des Glascontainers, der einem in die Nieren fuhr. Aber auch bei uns im Studio herrschte niemals Stille. Von unten aus dem Atelier durchzog das feine, enervierende Pfeifen eines Heizkörpers die Nacht und von oben, über uns, ein Klopfen – Klopfgeräusche um 0 Uhr, die Geister unserer Vorgänger, die ebenfalls nicht zur Ruhe hatten kommen können, so phantasierte ich mit rasendem Herzen, all diese Geister-Stipendiaten, gehetzt von der Liste ihrer nichtgeschaffenen Werke, nichtgeschriebenen Romane …

Solche Nächte also. Was folgte, waren Arztbesuche. In einer Liste der Kooperationsärzte der Deutschen Botschaft in Rom fand ich Dr. Wallbrecher. Unterwegs zu Wallbrecher sah ich Rom das erste Mal seit unserer Ankunft, mit müden Augen und flatternden Nerven. Ich fuhr mit dem Bus Nr. 62 von der Piazza Bologna zum Vatikan und eilte von dort weiter bergauf bis zur Via Domenico Silveri Nr. 30. Das heißt, ich kam am Petersplatz vorüber, auf dem die Heiligsprechung von Johannes Paul II. vorbereitet wurde, die Sonne schien, azurblauer Himmel, ein halber Blick auf den Petersdom, die Kuppel schwebte. Wenn ich heute an diesen Tag denke, an meinen Weg zu Wallbrecher, kann ich sie noch spüren, jene als Todesangst verkleidete Lebensangst, mit der ich an den phantastischsten Ausblicken Roms vorüberhastete.

Wallbrechers Praxis bestand aus vielen kleinen Zimmern voller Ölgemälde. Im Wartezimmer hing ein Stillleben mit aufgeschlagenen Büchern. Bücher mit gewellten Seiten, auf denen Vasen standen oder Uhren lagen, Bücher, die offenbar niemand mehr las. Daneben eine Approbations-Urkunde, ausgestellt in München. Auch Dr. Wallbrecher sah erschöpft aus. Zuerst die Anamnese: Die Geschichte meiner Krankenhausaufenthalte, meiner Unfälle, Knochenbrüche, Kinder, verheiratet, „was schreiben Sie?" Ein schwieriger Moment, was Wallbrecher nicht wissen konnte. Wallbrecher notierte: Lyrik und Essay. Vom Roman keine Rede. Auch fragte ich mich, wozu diese Auskunft nützlich sein sollte auf einer Patientenkartei. Wallbrecher sagte: „Ich bewundere das immer, wenn ein Schriftsteller von seiner Arbeit leben kann." „Ich auch", entgegnete ich, nicht aus Vorwitz, nur spontan aus meinem Müdesein heraus, ohne jede Überlegung. Wallbrecher schaute auf, er war irritiert. „Ich bin vergleichsweise teuer", erklärte er jetzt, „ich meine, im Vergleich zu meinen italienischen Kollegen, aber ich gebe ihnen Skonto."

Wozu die Qual? Der Gedanke, alles sein zu lassen stand im Raum und beruhigte mich. Ich sah Rom und Rom war der Ort, wo das Schreiben aufgegeben werden konnte. Auf dem Rückweg von Wallbrecher zur Villa Massimo machte ich einen Umweg über die Via Aurelia, ich rannte nicht mehr, der Ausblick über die Stadt und den Fluss wurde mir gereicht wie zur Belohnung nach Wochen sinnloser Qual, eine absurde Verkehrung der Dinge, sicher, aber das war egal. Ich lief durch Rom, und es wurde mir leichter ums Herz. Noch einmal der sagenhafte Petersplatz, die gewaltige Kuppel, dann die Piazza del Risorgimento mit einem Reiterstandbild, ein Denkmal für die Arma dei Carabinieri. Das Pferd war breit, kurzbeinig und schwer und erschien doch auf Anhieb als das sympathischste aller versteinerten Pferde dieser Stadt, obwohl ich das feierliche Standbild Marc Aurels und den Capitolsplatz noch nicht einmal gesehen hatte, aber auch das war egal, denn das Pferd der Carabinieri erinnerte mich an das letzte Pferd meines Großvaters, eine Stute namens Liese, ein Arbeitstier, auf dem ich selbst noch hatte sitzen dürfen als Kind, ein Pferd, das öfters mitten in der Arbeit stehen geblieben und erst wenn mein Großvater die zwei Kilometer vom Hof aufs Feld hinaus gelaufen und ihm etwas ins Ohr geflüstert hatte, bereit gewesen war, weiter zu gehen usw. usf. So „vergisst man und gibt sich hin, etwa dem Doppelgesicht zweier Pinienkronen im honigfarbenen Himmel, und schon ist alles zurückgekehrt, hat wieder Sinn und Gestalt",[7] las ich später bei Kaschnitz, Jahre zu spät. Aber auf gewisse Weise befolgte ich von diesem Zeitpunkt an ihre Anleitung zum Leben in Rom.

In Abständen verließ ich jetzt die Insel Massimo, um die Stadt zu erkunden – ‚erkunden' ist eigentlich zu viel gesagt, aber ich war unterwegs, ich war *draußen*, immerhin, ich saß nicht mehr hinter dem Schrank. Am liebsten begleitete ich Viktor, unseren Sohn, zu seinen Fußballspielen oder zum Training. Nach einem geglückten Kampf mit der italienischen Bürokratie war es meiner Frau gelungen, Viktor in einem italienischen Fußballverein anzumelden. Das Trainingsgelände befand sich unmittelbar an einer der zahlreichen Biegungen des Tevere, am Villagio Olimpico, dem Olympischen Dorf von 1960: Häuser auf Stelzen mit verrosteten Fensterrahmen, darunter die Vespas der Bewohner, die Balkone verwittert und voller Sperrmüll. Bei ungünstigem Wind zog ein sauerfauliger Geruch vom Fluss über die künstlichen Rasenflächen. Die Spiele fanden an den denkbar abgelegensten Orten statt, Orte, die ich unter anderen Umständen niemals zu Gesicht bekommen hätte, Orte, die weder ‚toll' noch ‚ganz toll' und erst recht nicht ‚grandios' waren, aber für mich einer Offenbarung gleichkamen und einer Befreiung aus der Rolle des romreisenden Stipendiaten mit eingebautem Kunstinteresse, die ich zuvor so verbissen verweigert hatte. Eine unerwartete Topographie Roms tat sich uns auf, die keinem Kunstführer folgte, sondern allein dem Spielplan der ‚Giovanissimi Provinciali Fascia B'.

Ich erinnere mich an ein Auswärtsspiel in der Via Norma an einem sehr frühen Sonntagmorgen. Das Spielfeld des Vereins namens Savio lag auf einem Hügel, umschlossen von einem Drahtzaun, bergab das verwinkelte, leicht heruntergekommene Viertel, winzige Häuser, die eher Bungalows glichen oder Garagen mit Fenstern. Wir gingen die Straße hinunter, auf einigen Torpfosten standen Engelsfiguren. Niemand war zu sehen, alle schienen noch zu schlafen, bis auf eine kleine Alte, ganz in

Schwarz, ein Hutzelweib. Sie schaute uns an und fragte „Oggi é domenica?" Ist heute Sonntag? Sie hatte nur einen einzigen, sehr großen, sehr breiten Zahn im Mund, seitlich, links unten – so erzählt es mir mein Notizbuch.

Nebenbei hatte ich also wieder begonnen, etwas zu schreiben, etwas über ein römisches Hutzelweib und den Zustand vollkommener Entspannung, vollkommener Übereinstimmung mit der äußeren Welt, den mir jener Spaziergang vor dem Spiel gegen Savio bereitet hatte – wie im Märchen sich ein Übergang öffnet, aber nicht in eine andere, sondern in die eigene Welt. Ich notierte das alles und es war, als würde von dort, vom Rom der Fußballplätze her, dem schwer versteinerten Arbeitspferd meines Schreibens etwas ins Ohr geflüstert, woraufhin es langsam, ganz langsam wieder zu traben begann.

Inzwischen war es warm geworden in Rom, die Heizung der Villa hatte man abgestellt, das Pfeifen der Heizkörper verstummte, zugleich verschwanden die nächtlichen Klopfgeräusche. Mein nächster Termin bei Dr. Wallbrecher stand an. Verglichen mit seiner ersten Bemerkung über das Schreiben gelang dem Botschaftsarzt bei dieser Gelegenheit eine schöne Steigerung, er sagte: „Ich wundere mich immer – Schriftsteller, dass es so etwas noch gibt!" Er untersuchte mich nicht und nahm 90 Euro für 15 Minuten, von Skonto diesmal keine Rede. Aber mir ging es schließlich auch schon *viel besser* und so verabschiedeten wir uns nahezu wohlgemut voneinander. Auch vom Roman hatte ich mich inzwischen endgültig verabschiedet, genauer gesagt, von der Gattung des Romans. Ich durfte jetzt zurückkehren in den Heimathafen der Gedichte.

Als ein Höhepunkt unserer römischen Saison kann ohne Zweifel das Training am Tag nach dem Derby Lazio gegen Roma gelten: „Der Deutsche, der Deutsche, das war der Deutsche!", hörten wir es schon von weither rufen, dann Schulterklopfen ohne Ende für Viktor. Obwohl unser Sohn, genau genommen, Schwede ist, wurde er mit Anerkennung überhäuft; als halbdeutscher Schwede durfte er stellvertretend die Gratulationen für den spielentscheidenden Treffer Miroslaw Kloses in Empfang nehmen, der einige Wochen zuvor einen Zweijahresvertrag bei Lazio unterschrieben hatte. Kloses spielentscheidendes Tor, erzielt in der letzten Minute, in dem für die Römer wichtigsten Spiel der Saison, wenn nicht ihres Lebens, veränderte auch Viktors Stellung in der Mannschaft. Obwohl Viktor in Berlin und Stockholm jahrelang nur Verteidigung und Mittelfeld gespielt hatte, zeigte sich sein Trainer Fabrizio nun endgültig von den Stürmerqualitäten des jungen Schwedendeutschen überzeugt – von diesem Tag an spielte Viktor ausschließlich in der Spitze.

„Ist das dein Vater? Ist das sein Auto? Ist er ein Schreiber?" Heimwärts vom Villaggio Olimpico zur Villa Massimo hatten wir in der Regel Nicolo und Nicola im Auto, Viktors italienische Fußballfreunde aus der Schweizer Schule. Ungehemmt, als handele es sich um eine Art Geheimsprache, die wir, die Erwachsenen auf den weit entfernten Vordersitzen, vermutlich nicht beherrschen, diskutierten sie dann in ihrem mit italienischen und Schweizer Wendungen durchbrochenen Schuldeutsch die geheimen Highlights ihres Alltags: Herr Massimi, der Klassenleiter, mache Handstand im Unterricht, was Nicola, ,kindisch' und jedenfalls ,nicht simpatico' findet, worauf Nicolo verkündet, sein Vater sei auch ,ein Schreiber' und schreibe auch Bücher, worauf Viktor erklärt, dass Olegs Vater ein russischer Geschäftsmann sei und seine Mutter eine italienische Schauspielerin, weshalb Oleg immer ein ,Driver' vom Training abhole, worauf Nicola erklärt, was wir bereits befürchtet hatten: Dass Futbolclub die teuerste scuola calcio von Rom sei, teurer sogar als die Guardia di Finanza, was offensichtlich einiges bedeutet, worauf Viktor erzählt, dass sein Banknachbar Pietro Paulo Boggio, der bei De Rossi spielt, einer Mannschaft, die von dem Profispieler De Rossi finanziert wird, behauptet hat, dass Futbolclub ihn kaufen wolle, für 90 Euro, er aber, Pietro Paolo Boggio, sei mindestens 110 Euro wert, während für andere in der Mannschaft nur 30 oder 20 Euro geboten würden – so oder so ähnlich.

Nach jedem Training die Geschichten der ragazzi von der Rückbank und noch immer ein Rätsel, wie Profi-Pietro ausgerechnet auf die Zahl 110 gekommen ist. Wenn ich heute an Rom denke, sehe ich zuerst uns Fünf im Volvo, heimwärts im allabendlichen Stau auf dem Foro Italico, Nicolo und Nicola, Viktor und seine Mutter, zwei Schweden, die einen Deutschen, der ein Jahr lang nur hatte schreiben und in seinem Atelier sitzen wollen, ins römische Alltagsleben hineingezogen haben. Irgendwann beim Abendessen, in dieser Zeit des Trainings und der Spiele, kam die Frage auf, ob ich nicht Lust hätte, wenigstens eine kurze Erzählung zu machen, zehn Seiten über diese ‚Hiddensee-Geschichte‘, die mir als ‚Schreiber‘, wie Nicolo es ausgedrückt hätte, doch eigentlich immer so gut gefallen, jene Geschichte, die ein winziges Rückblickkapitel hätte werden sollen im gescheiterten Roman.

Aus den zehn Seiten wurden fünfhundert. Während ich weiterhin wie an fast jedem Tag in der Villa Torlonia, dem Park Benito Mussolinis, meine Runden lief, erwachte in mir die Lust auf den Text. Runde für Runde entdeckte ich, wie stark mir dieser Inselstoff entsprach, wie er mir entgegenkam, im Laufschritt gewissermaßen. Aber jetzt musste ich vorsichtig sein – keine Pläne, keine Dreistufenrakete, nur Notizen, Sätze, warten und lauschen, nur blinzeln und lauschen in den Quellgrund des Romans. Bald sah ich Kruso und Ed am Fenster des Klausners stehen, mit Blick auf die Schiffbrüchigen; ich sah die Esskaas, jene historisch einmalige, exotische Szene aus Saisonkräften – Philosophen, Soziologen, Dichter, Maler, Elektriker, die versuchten, auf der Insel ihr eigenes, selbstbestimmtes Leben zu leben. Dabei sah ich mich kaum selbst, obwohl ich auch dort gewesen war, als Abwäscher einer Kneipe namens Klausner, auf der Steilküste von Hiddensee, im Sommer 1989.

Dann, auf einer meiner Torlonia-Runden (es war am 27. Mai 2011, so lese ich es in meinem Notizbuch), stand mir zum ersten Mal das Bild des Sowjetgenerals vor Augen, ein russischer General am Strand der Ostsee, Krusos Vater bei der Heimholung seines Sohns. Bereits in dieser ersten Version oder Bildgestalt erschien der General als eine Art deus ex machina, sein machtvoller Auftritt – ein großer Mann mit offenem Mantel und Panzerkreuzer im Hintergrund – gefiel mir außerordentlich, vertraut und zugleich verrückt genug, das Ende eines Zeitalters einzuläuten. Vertraut, weil er sowohl meinen eigenen Erfahrungen aus der Armeezeit als auch der Ikonographie des Waffenbruders entsprach, unseres ,großen Bruders' und wichtigstem Verbündeten, verbunden in unverbrüchlicher Freundschaft, wie es allenthalben geheißen hatte. Aber noch immer war ich ängstlich und notierte kaum etwas, ich wartete. Was dem Bild fehlte, sah ich eine knappe Woche später, bei einem Freiluftkonzert im Villino der Villa Massimo. Während der Musiker auf seinem Saxophon gegen das Flugzeug anspielte, das am Himmel aufgetaucht war, eine Maschine von Air Berlin, die auf dem Flughafen von Ciampino landen würde (die Villa liegt in der Einflugschneise), im Moment dieser absurden Überlagerung der Geräusche also – es war das übliche Getöse Roms, Krach gegen Kunst, das kannte ich gut, und ja, fast hätte ich laut aufgelacht, mitten im Konzert, nicht wegen der Air Berlin-Maschine, sondern vor Freude über meinen neuen General; kurz: es war dieser Augenblick – plötzlich waren seine Hosenbeine nass. Eine kleine schlappe Ostseewelle hatte seine Hosenbeine nass gemacht, in genau diesem Moment. Und da stand er nun, in der Fülle seiner Macht, die jetzt gebrochen war

97

auf die vielfältigste Weise. Ein Bild, das augenblicklich die ganze Geschichte enthielt, ein Bild dem ich absolut vertrauen konnte, ein Portal, durch das ich gehen konnte, hinein in den Stoff dieser Zeit.

Etwas war ähnlich und etwas auch anders als beim Schnee auf den Stufen in der eingangs zitierten Kindheits-Erzählung vom *Kapuzenkuss*. Für das Bild vom General musste ich meine eigenen Erfahrungen zunächst einmal vergessen, und ich musste den historischen Quellen gegenüber gleichgültiger werden, die mich noch bei meinem ersten Versuch überflutet hatten mit Details, Interessantheit und unnützer Information. Das Bild vom General war ungleich treffender als jede meiner Überlegungen und Recherchen, sein atmosphärischer Wert stimmte genau mit dem überein, was zu rekonstruieren war, nicht im Sinne irgendeiner faktischen Wirklichkeit oder historischen Wahrheit, sondern im Sinne der Geschichte, die über diese vergangene Zeit erzählt werden musste. Eine große Zahl verstreuter Erinnerungen und Gefühle waren dort (im Bild vom General mit seinen nassen Hosenbeinen) untergebracht und zusammengefügt. Das Bild funktionierte als Herberge, es war ein Speicher verdichteter Zeit, jedenfalls eine Honigwabe für mein Schreiben. Und mehr noch: Es war gerade so, als ob ich mich erinnerte, genauso erinnern konnte an den General an der Ostsee im Herbst '89, mit jenem Grundgefühl narrativer Wahrhaftigkeit.

„Wie kann das Vergangene wachsen, das doch nicht mehr ‚ist'?", fragt Augustinus in seinen *Confessiones*, und fährt fort:

> Nicht eben deshalb, weil im Geiste, der dies wirkt, ein Dreifaches da ist? Nämlich: er erwartet, er nimmt wahr, er erinnert sich, so dass also das, was er erwartet, durch das hindurch, was er wahrnimmt, übergeht in das, woran er sich erinnert.[8]

Aus den zehn Seiten waren, wie gesagt, fünfhundert geworden. Eine Ausweitung, die es mir erlaubt, mich heute an die römische Vor- und Frühgeschichte eines Romans zu erinnern – eine Vorgeschichte der Krise, der Panik und der Lächerlichkeit, aber auch „ein Stück neue Geburt, Ausgesetztheit, Nacktheit",[9] wie Kaschnitz die Erfahrung vom Leben in Rom beschreibt.

Zum Abschluss meiner Heidelberger Vorlesungen lese ich aus dem letzten Drittel des Romans *Kruso* die Szene mit dem General, etwa drei Seiten. Kruso liegt verletzt im Klausner, er hat hohes Fieber, der Inselarzt ist geflohen. Ed, die Hauptfigur des Romans, hat versucht, Hilfe zu organisieren, die aber nicht eintrifft. In dieser lebensbedrohlichen Situation erscheint Krusos Vater, der General, zur Rettung und Heimholung seines Sohnes, mit ein paar Soldaten als Träger und einem Panzerkreuzer als Taxi:

> Der Sanitäter hatte Kruso mit Tischdecken auf die Platte des Personaltischs gebunden. Ihre großblumigen Muster waren mit Speisekrusten und Bierflecken übersät, dazwischen, schwarz-umrandet, die Brandlöcher von Zigarettenglut. Für einen Moment hatte Ed sie für Einschüsse gehalten.
>
> Der General selbst war es jetzt, der den Tropf in der Luft hielt (das Leben), während sie die Treppe zum Meer hinunterstiegen. Durch Gesten seiner freien Hand dirigierte er die Träger, die verlangsamt und im Gleichschritt gingen, wie üblich beim Begräbnis eines *teuren Toten*. Der Sanitäter war für einige Meter vorausgeeilt, um die zahlreichen lockeren oder fehlenden Stufen der Klausnertreppe auszurufen. Und am Ende Ed, wie ein nutzloses Kind, das der Prozession hinterherspringt, ohne zu wissen, was wirklich geschieht. Immerhin: Er trug die Tasche, die Krankenhaustasche. Immerhin: Er verstand diese Tasche. Sieben Sachen, nicht so schwer. Bisher hatte niemand danach gefragt.

Wie ein Pharao auf seiner letzten Reise schwebte Kruso zwischen den Soldaten, mit den Füßen voran. Bestimmte Abschnitte der Treppe zwangen die Träger, die Platte des Personaltischs ausgesprochen steil zu stellen, als wollten sie dem Meer das Opfer oder dem Opfer das Meer noch einmal zeigen, den Horizont bis Dänemark, das unsichtbar im Nebel schwebte, oder das Wasser der Ostsee, das träge und novemberkalt hinter den Sanddornbüschen stand, von denen die Steilküstentreppe mannshoch überwuchert war. Ja, für einen Moment schien es Ed, als hielten sie der Ostsee einen Heiligen entgegen, einen Märtyrer, dessen Körper sie in einem nächsten Schritt den Fluten anvertrauen würden, zur Besänftigung der Stürme, zur Verwirrung der Patrouillenboote und schließlich: zum Zeichen der Freiheit und zum Beweis, dass sie bereits hier, im Diesseits, zu erlangen war und nicht erst auf Møn, Hawaii oder sonstwo – ja, Kruso musste geopfert werden, geopfert für die Zukunft der Insel …

Ed wusste nicht, wie dieser abstoßende Irrsinn in seinen Kopf geraten konnte. Er fasst sich an die Stirn. Vielleicht hatte er über Nacht zu viel Exlepäng eingeatmet, zu lange an Krusos Nacken gerochen, vielleicht war er einfach verrückt geworden.

„Losch!"

Noch immer hielten sie Kruso der Ostsee entgegen.

Letzter seiner Art, letzter lebender Vertreter, Vorsicht, Vorsicht!, zischelte der Irrsinn jetzt den Stufen zu, wo in schöner Regelmäßigkeit Eds Füße auftauchten, Füße und Stufen, in endloser Zahl, aber nein, natürlich nicht, er hatte sie gezählt, mehr als einmal gezählt, in den Mittagspausen, vor der Hauptsaison, schwitzend, atemlos, zweihundertvierundneunzig mal Vorsicht, zischelte es in Ed.

Auf dem letzten Stück der Treppe, jenem, das in der Luft hing über dem Strand, entglitt der Verletzte den Soldaten um ein Haar. Ed konnte die Sowjetmuskeln zittern sehen, die Anspannung unter den Uniformen, die Hand des Generals in seltsamer Verrenkung, sein fliegender Mantel, momentlang glich er einem großen, lustigen Puppenspieler, an dessen Faden der Personaltisch tanzte und mit ihm die ganze Geschichte dieser endlosen Saison, begleitet vom Tanz vier junger Lakaien in ihren Matrosenkostümen, Kasachen vielleicht, ja, Kasachen wären angebracht, dachte Ed.

Er sah, dass Krusos Augen offen waren – sein großes Gesicht, glatt und weiß, mit ungläubigen Augen; es war ein jungenhaftes und doch bleiernes Gesicht, ein Kindsgesicht mit Friedhofsblick, es war – das Gesicht Georg Trakls. Nur Ed und sein Irrsinn konnten so denken.

Im ersten Moment war kein Boot zu entdecken, nur der Panzerkreuzer, riesig im Nebel, weshalb Ed zunächst glaubte, die Männer würden Kruso mit der Tischplatte aufs Meer hinaus schieben, bis an den dunklen Rumpf heran, auf dem die Zahl 141 geschrieben stand. Nie hatte er ein so großes Schiff so nah vor der Küste gesehen. Am Bug ragte es hoch empor, das Heck hingegen schien kaum über Wasser zu liegen. Dazwischen zwei Zyklopenschädel, aus denen ein paar Kanonenrohre ragten, lang und dünn wie Speere. Dann sah er das Beiboot. Es lag nur hundert Meter nördlich, an Eds Badestelle, wo es einen von Steinen halbwegs freien Weg ins Tiefe gab.

Ohne Überlegung hatte Ed einen Fuß auf den Bug gesetzt. Er, wer sonst, gehörte zu Kruso. Zuerst die verschreckten Blicke der Kasachen (er hasste sie in diesem Moment), dann die Hand des Generals auf seiner Schulter. Nicht zur Anerkennung, nicht zum Trost.

Was von da an geschah, nahm Ed nur noch in einzelnen Bildern wahr. Der schwebende Tropf. Der stählerne Nachen. Die Übergabe der Infusion. Das dunkle, hohle Geräusch der Personaltischplatte auf den Ruderbänken. Der Sanitäter, der ihm wortlos die Tasche aus der Hand nahm. Die glänzenden Schuhe des Generals im Sand, halb eingesunken. Eine Welle und die dunklen, nassen Ränder seiner Hosenbeine. Die nassen Ränder seiner sowjetischen Hosenbeine – in diesem Bild blieb die Geschichte stehen, es enthielt die ganze Geschichte.[10]

Anmerkungen

[1] Lutz Seiler: Die Zeitwaage. Erzählungen. Frankfurt am Main 2009, S. 59 ff.

[2] Gaston Bachelard: Meine Lampe und mein weißes Papier. Zit. nach: Kopfbahnhof. Die Lust am Text. Leipzig 1990, S. 13.

[3] Marie-Luise Kaschnitz: Engelsbrücke. In: Dies.: Gesammelte Werke in sieben Bänden, hg. v. Christian Büttrich u. Norbert Miller, Bd. 2. Die autobiographische Prosa. Frankfurt am Main 1981, S. 9.

[4] Kaschnitz: Das Kunstwerk. In: Gesammelte Werke. Bd. 7. Die essayistische Prosa. Frankfurt am Main 1989, S. 449.

[5] Dies.: Orte. Frankfurt am Main 1991, S. 105.

[6] Ebd., S. 104.

[7] Dies.: Engelsbrücke. In: Gesammelte Werke, Bd. 2, S. 9.

[8] Augustinus: Bekenntnisse. Confessiones. Frankfurt am Main 2007, S. 290 f.

[9] Kaschnitz: Engelsbrücke. In: Gesammelte Werke, Bd. 2, S. 141.

[10] Lutz Seiler: Kruso. Berlin 2014, S. 418–421.